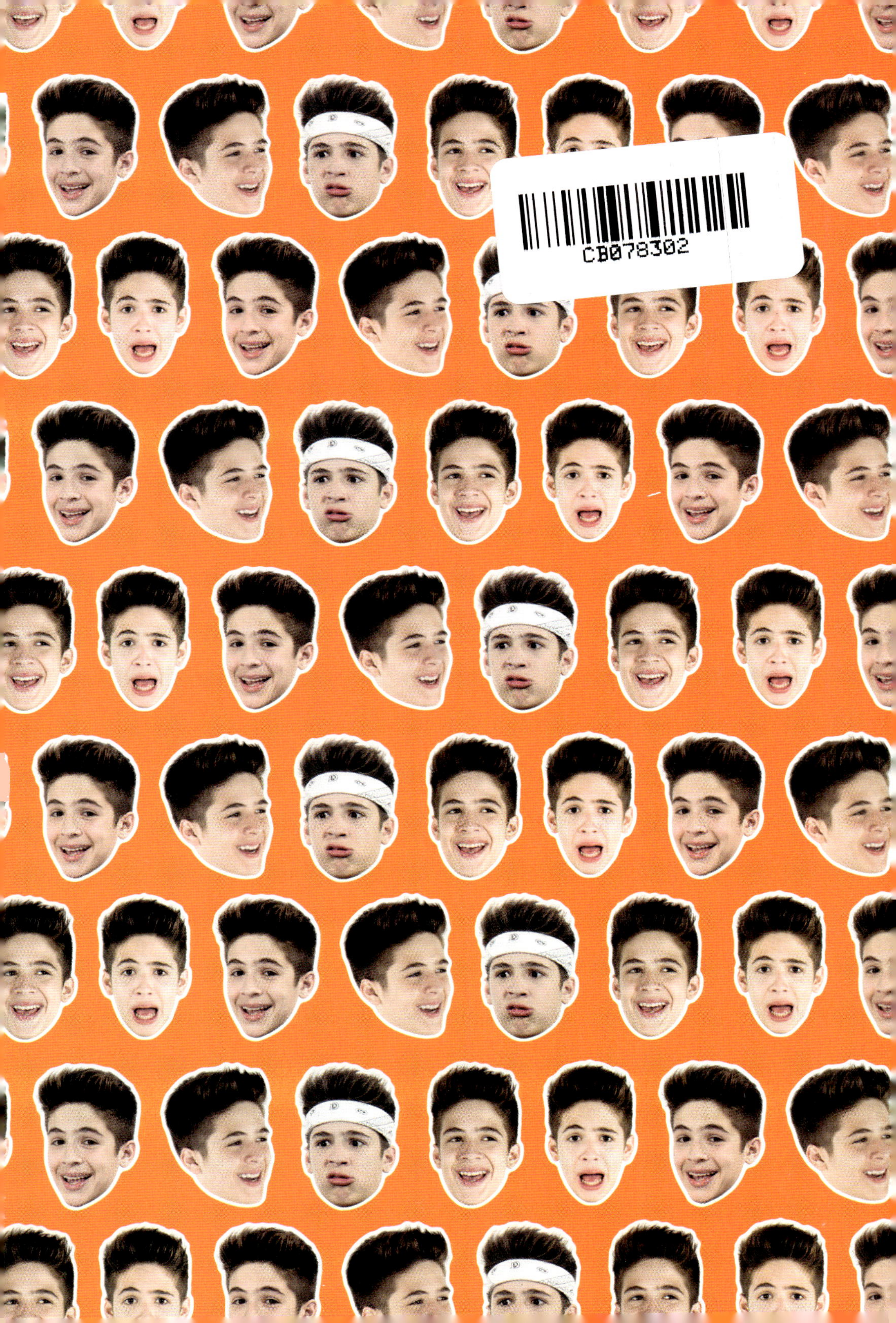

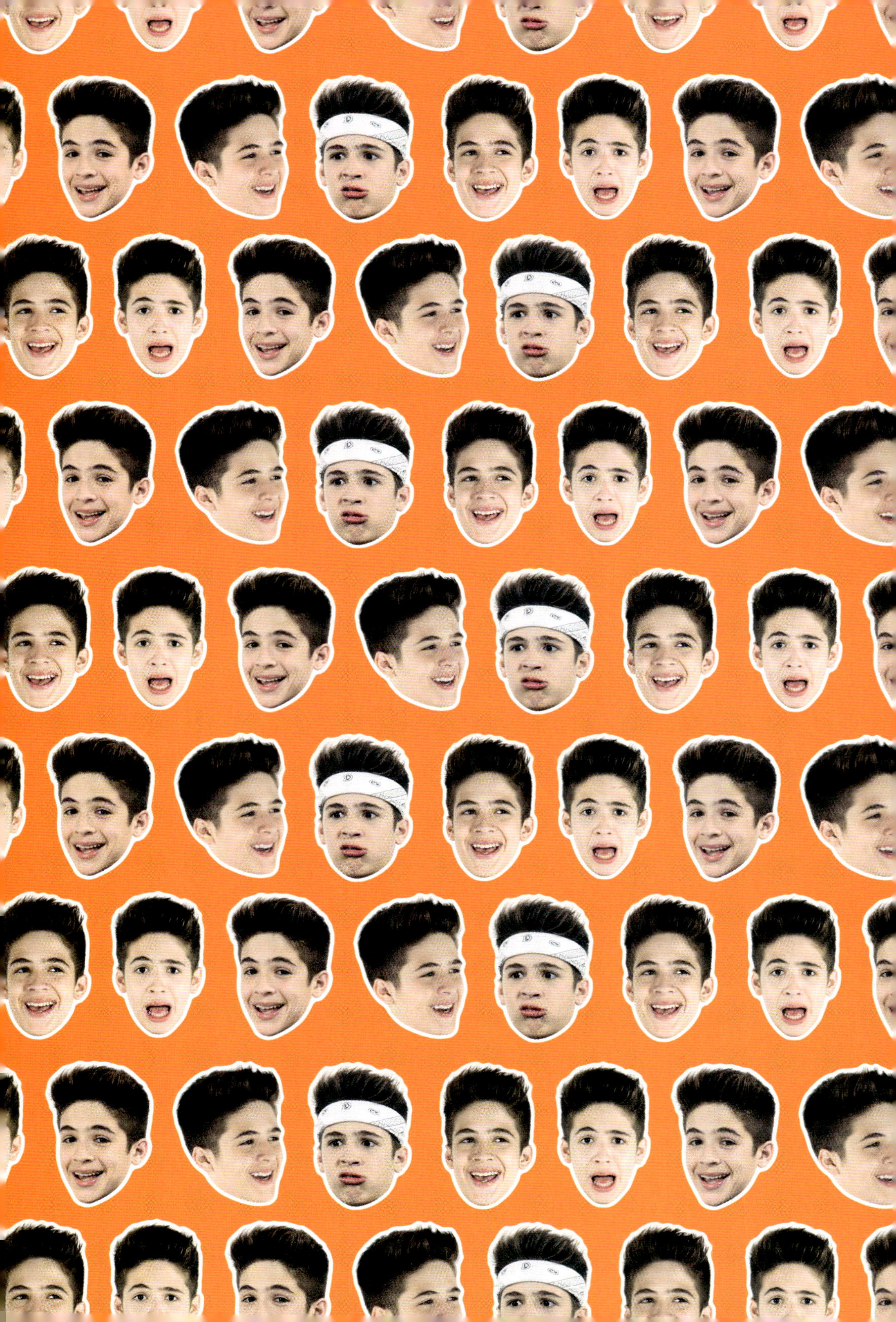

João Sendo João

Meu Mundo

Outro Planeta

Organização de conteúdo: Ricardo Sil
Preparação: Juliana Rodrigues
Revisão: Valquíria Della Pozza e Maria Aiko Nishijima
Projeto gráfico e Diagramação: Vitor Gentil
Capa: Thiago Lacaz
Imagem de capa: Tabatha Hochreiter
Styling (Fotos de capa e miolo de Tabatha Hochreiter): Arlindo Grund
Tratamento de imagens do arquivo pessoal: Wagner Fernandes
Créditos de imagens: Arquivo pessoal (cedidas pelo autor), 12, 13, 15, 18, 21, 23, 24, 29, 30, 33, 38, 39, 40, 41, 42, 43, 44, 74, 79, 86, 92, 104, 105, 107, 108, 112, 118, 121, 134, 153, 154, 155, 156, 159, 160, 164, 166, 168, 169, 173, 176, 177, 178, 180, 182, 183, 185, 187
Stefano Loscalzo, 139, 140, 145, 146, 147
Tabatha Hochreiter, 1, 2, 3, 5, 8, 9, 11, 17, 19, 46, 48, 52, 61, 62, 63, 64, 65, 66, 67, 69, 70, 71, 72, 73, 76, 83, 88, 94, 96, 99, 100, 102, 103, 106, 113, 125, 128, 133, 141, 142, 143, 144, 158, 163, 186, 191, 192

CIP-BRASIL. CATALOGAÇÃO NA PUBLICAÇÃO
SINDICATO NACIONAL DOS EDITORES DE LIVROS, RJ

G974j

Guilherme, João
João sendo João : meu mundo / João Guilherme. - 1. ed. - São Paulo : Planeta, 2016.

ISBN 978-85-422-0796-5

1. João Guilherme, 2002-. 2. Atores - Brasil - Biografia. I. Título.

16-36178 CDD: 927.92
CDU: 929:792.071.2

2017

EDITORA PLANETA DO BRASIL LTDA.
Rua Padre João Manuel, 100 - 21º andar
Edifício Horsa II - Cerqueira César
01411-000 — São Paulo — SP
www.planetadelivros.com.br
atendimento@editoraplaneta.com.br

SUMÁRIO

BEM-VINDO AO MEU MUNDO

INTRODUÇÃO

E aí, tudo bem com vocês?

Eu sou o *João Guilherme* e abaixo dou alguns motivos para que este livro tenha chegado até as suas mãos:

1 Você me conhece e curte o meu trabalho. <3

2 Você é um bom leitor e quer acrescentar mais um livro na sua lista.

3 Algum amigo te recomendou.

4 Você achou a capa do livro bonita. ;D

5 Não é nenhum dos motivos listados acima? Poxa! Então me conta aqui e tira uma foto com a hashtag #joaosendojoao e me marque no Instagram!

#joaosendojoao

Se você é uma pessoa muito séria e acha que livros são objetos só para conhecimento e não traz nenhuma diversão, pode parar por aqui! Bem, essas são minhas dicas para o começo desta jornada.

INFÂNCIA FELIZ

Nasci no dia 1º de fevereiro de 2002, às 12h51 na Maternidade Pro Matre, em São Paulo. Minha mãe era muito jovem ainda, ela tinha 21 anos. Nós sempre fomos muito grudados. Ela nunca me deixava sozinho e, por isso, meu primeiro passeio aconteceu quando eu tinha catorze dias, que foi quando ela saiu para fazer compras no mercado. Viu por que a gente aprende a ser consumista desde pequeno? hahaha. Como ela só voltou a trabalhar quando eu completei 10 anos, a gente curtiu muita coisa juntos.

No dia em que eu completei 6 meses, ela foi pra piscina comigo fazer aulinha de natação. A partir daí, esperou eu atingir os 3 anos de idade e logo me colocou no inglês e em seguida, na escolinha de esportes, aos 5 eu já estava matriculado no tênis. Talvez por esse excesso de estímulo, desde muito cedo eu era cercado de coisas pra fazer o tempo todo, cheio de brinquedos, cheio de parques de diversões, ou seja, ligado nos 220V, cheio de adrenalina e roendo as unhas desde... SEMPRE!!

Até 1 ano de idade, eu e minha mãe moramos na casa da minha avó Tereza. Quando eu completei 1 aninho, nos mudamos de lá pra um apartamento na Zona Sul de São Paulo. Com 2 aninhos eu entrei na escolinha. Um ano depois, nos mudamos para Piracaia e vivemos dentro da comunidade Nova Atlântida, um lugarzinho mágico, onde só moram pessoas que fazem parte do grupo de estudos místicos da Ordem Princípio e Luz, que tem o propósito não só de estudar o misticismo mas principalmente caminhar em direção do bem. Descobriram por que o mundo de mistérios de HARRY POTTER sempre me fascinou?

Eu fui uma criança livre, que andava solta, que mexia no barro, fazia fogueirinha, andava descalço na grama, subia em árvore, brincava de polícia e ladrão. Fazia muito o que eu queria, lá eu era superprotegido, porque todo mundo me conhecia e todo mundo era muito próximo. Até hoje somos como uma grande família. É muito importante ser criança e estar cercado por pessoas que gostam da gente, né?

Imagina mais de 10 moleques correndo pelo sítio... Imaginou? Parecia migração de mamutes! Eu e meu amigo, o Lucas Salgado, gostávamos muito de andar de bicicleta, então a gente pegava areia de construção – porque lá tinha muitas casas em construção –, pegava areia e uma pazona e colocava sempre uma tábua de madeira e a gente ia descendo. Me sentia o Bob Construtor em pessoa, hahaha. Um dia, numa dessas aventuras, deu uma m@rd* muito grande.

Primeiro a gente fez uma rampa baixinha – já deu aquele cagaço –, aí nós achamos que seria facinho: só pular e SER FELIZ. E foi isso o que a gente fez e viu que a bicicleta não voou. Então, pra dar aquela voada que a gente via em filme e na TV, tinha que estar numa p*t# velocidade, né?

Uma outra vez, nós pegamos uma descidinha e começamos. *Beleza, eu vou testar primeiro.* Porque a gente sabia que era assim: cada vez que um aumentava a rampa, era o outro que ia. Se aumentasse e desse m@rd*, o outro que ia se ferrar primeiro. Aí eu fui primeiro e deu tudo certo. Depois ele foi e também deu certo. Aí passou meia horinha, a gente aumentou meio metro, mais areia, mais pedra, mais tijolo... *Beleza, agora é sua vez de testar.* Ele foi, e... uh!... Sobreviveu! Aí eu fui e também sobrevivi! Então vamos aumentar mais um pouco. Aí, beleza, já tava alto mesmo, já era uma montanha aquilo... tava bem mais alto dessa vez. Eu olhei pra ele e ele falou assim: "É sua vez de testar". Comecei, pedalei, pedalei, pedalei. Puft! Deu certo! Eu

falei: "Caraca, cara! Eu sou um mito!". Ele foi e também deu certo. Eu falei: "Vamos de novo, né?".

E esse "vamos de novo" nunca deveria ter acontecido. Acho que me empolguei demais. Peguei mais velocidade, me perdi da bicicleta e me esborrachei no chão de pedra ralando a bochecha. Tinha umas gatinhas na casa da frente e eram trigêmeas. A gente tava fazendo a maior moral lá e tal. Daí vou eu e, puft, me esborracho. A BICICLETA foi parar na minha nuca. Isso eu ainda era pequeno, devia ter uns 5 anos. E eu falava: "Eu quero morrer! Alguém me mata! Eu quero morrer! Tá doendo demais! Eu quero morrer! Isso não é de Deus! Alguém me ajuda!".

No Sítio – como costumamos chamar a nossa comunidade – também tem um lago enorme. Só que naquela época o lago não era apropriado pra nadar. Tinha pesca, mas eu nunca tive paciência pra pescar. Só que eu sempre fui amigo de todo mundo e, certo dia, uns gêmeos me chamaram pra pescar. Gente, não é mentira, tem gêmeos pra caramba naquele sítio.

Que legal! Eu vou pescar, vai ser superfácil. Eu vou pegar um tucunaré! Fui na fé e... beleza. Depois de dois minutos, eu perguntei: "Caraca! Cadê os peixes? Meu Deus! Cadê os peixes?". Eu começava a falar cada vez mais alto: CADÊ OS PEIXES? Comecei a andar de um lado para o outro, e os caras ficando cada vez mais bravos comigo porque na pescaria tem que ficar em silêncio. E quem disse que eu consigo? *Que saco! Mas os peixes não vêm, gente!* Comecei a chamar: "Peixe, peixe, peixe!". Eu ficava jogando coisas, jogando comida no lago...

Sério, levou um tempo para eu reconquistar aquelas amizades.

Além disso, eu fazia muitas coisas, como atravessar a fronteira que tinha entre o nosso rancho e o rancho vizinho. Era como se fosse uma expedição. Do nosso monte mais alto dava pra ver os dois ranchos como se fossem dois reinos. Uma vez, eu e meus amigos descobrimos uma passagem pelo lago. Pegamos um barquinho, passamos pelo arame farpado e fomos no meio do matão, morrendo de medo de encontrar cobra pelo caminho. Era muita mata, uma energia muito gostosa, uma energia mágica lá no sítio. Isso sem falar das fadas, duendes, gnomos e unicórnios, que eram os meus superamigos. Eu podia jurar que eles estavam me vigiando o tempo todo, em qualquer lugar que eu estivesse. Eu sempre perguntei para minha mãe se todos esses **seres elementais** existiam, e ela sempre me respondia: **Tudo existe, filho, basta você acreditar...** Eu ficava bravo, queria uma resposta definitiva... Então ficava sempre com aquele friozinho na barriga.

Foi nessa época que eu comecei a fazer o curso de Escudeiros na Ordem, que é um curso só para as crianças.

Eu e todos os meus amigos ficávamos num alojamento com os mestres que cuidavam da gente brincando, estudando, fazendo arte e a maior bagunça – uma bagunça organizada, pois lá eu tinha que arrumar a minha cama, organizar a minha mala, limpar a mesa... Tinha que aprender a ser gente, hahaha. Uma vez por mês, a gente passava o fim de semana inteiro falando sobre misticismo, brincando na terra, na água, aprendendo sobre os índios, elementos da natureza e toda a turma dos meus amigos GNOMOS, de que eu falei agora pouco.

Helena Martins, dirigente e mentora espiritual da Ordem Princípio e Luz

"João Guilherme chegou revolucionando a vida de muita gente, inclusive a minha. No dia do seu nascimento tive o privilégio de estar no hospital e testemunhar o quanto era

esperado e amado. Minha emoção foi imensa ao receber a notícia de que eu seria sua madrinha de batismo, na nossa casa, Ordem Princípio e Luz, presente de Deus e da Naira, mãe do Gui, por quem sempre dediquei amor incondicional. Lá, ele pôde se transformar em herói, soldado num exército de meninos, mago com poder capaz de transformar fantasia em magia e a magia em realidade. Ele se misturou com o barro, com o vento, criou armas para lutar contra o mal."

Guigui, mestre da Ordem Princípio e Luz

"O João sempre foi muito interessado, e nós sempre tivemos uma afinidade muito grande. Pra ele, tudo era novidade, mesmo ele repetindo alguns exercícios e vivências. Ele sempre foi de ficar junto com o grupo, participando intensamente de todas as experiências. Ele sempre foi muito entregue."

Além do sítio em Piracaia, passei boa parte da minha infância na fazenda do meu pai. A minha família por parte de pai é muito grande, então é difícil reunir todo

mundo. Meu pai tá sempre fazendo show em várias partes do Brasil. Pedro mora em Rio Claro, Isabela e o Zé em Goiânia, Jéssica e Matheus em São Paulo, mas cada um em um canto da cidade, e eu, como disse, na outra ponta de São Paulo. Mesmo todo mundo criança, a gente quase nunca se via, por conta dessa logística que nunca foi fácil. Tava todo mundo separado, cada um em um canto, até o dia em que o Pedro, meu irmão mais velho, que é como o paizão de todos, falou: "Isso não pode mais acontecer". Então ele decidiu: "Vamos passar as férias JUNTOS, você vai conhecer a fazenda do nosso pai".

O Pedro passou na minha casa e na casa do Matheus e a gente foi até Goiânia de carro. Pensa numa criança de 5 anos enfurnada no carro, em dez horas de viagem... Chegando lá, eu já estava quase morrendo e sem sentir as pernas. Foi bem cansativa a viagem. Até hoje, uns tios por parte de pai vêm falar comigo e eu não sei quem são. Eu falo "Oi, tio", "Oi, prima", mas não sei quem são. *É muito tio, é muita prima, haha* <3

Todas as férias na fazenda do meu pai eram muito gostosas. Eu me sentia muito livre lá por ser um menino de 10 anos com os meus irmãos de 14, 15, na época. Era muito legal porque eu gostava de estar lá e de ir nas festinhas que eles iam.

Uma vez, teve um jogo beneficente dos artistas. Era o time do meu pai, o time dos cantores, contra o time do jogador Neymar, que era do Santos ainda. Depois do jogo nós fomos pra uma festinha. Tava todo mundo lá: meu pai e os cantores sertanejos. Eu tava tomando minha Coca Zero e a cada segundo vinha um tiozinho perguntar: "Que que você tá bebendo nesse copo aí?". "Coca Zero." "Deixa eu experimentar?" Não sei como eu não peguei uma herpes com todo mundo bebendo do meu copo. Eles queriam ter certeza de que eu não estava bebendo algo com álcool. CLARO QUE NÃO, né?!

Eu era criança, todo mundo me olhava porque eu tava meio perdido por lá. Eu falava pra todas as meninas mais velhas que eu era sobrinho do Neymar. *Meu tio (Neymar)* tá *com o Mc Guimé, amigo dele. Meu tio.* E as meninas falavam assim comigo: *Ai, que fofinho, me leva lá pra eu ver o seu tio.* E eu falava: *Agora não dá porque ele* tá *tirando muita foto. Ele* tá *aproveitando os momentos de lazer porque ele machucou a perna no futebol.* Eu inventava esses migué. Esse foi um dos melhores momentos que eu passei lá.

Teve uma vez em que eu quase bati o jet ski na parede na margem do lago. Fora às vezes que eu e meus irmãos andávamos de quadriciclo e íamos pra mata, era uma bagunça. Se minha mãe soubesse da metade, nunca mais deixava eu voltar. Uma vez nós saímos à noite, eu, o Jorginho, o Leandro e o Coxinha. Lá tem uma mata onde meu pai faz caminhada. São 5 quilômetros pra chegar lá. Aí a gente falou: "Vamos até a mata". Só que aquela mata dá muito MEDO porque ela é muito escura e estreitinha. Lá tem onça.

À meia-noite, pegamos dois quadriciclos e fomos. Eu fui cagando de medo porque eu pensei: *Tinha dois quadriciclos e eu fui na garupa do que tava atrás.* Ou seja, as minhas costas estavam desprotegidas. E eu lá encolhidinho com medo de que alguma coisa me puxasse pelas costas.

Chegamos na matinha, tudo coberto, fechado, escuro, e a gente começou a acelerar. Voamos com o quadriciclo. Chegamos na metade do caminho e... tututu... o quadriciclo vai parando. "Jorginho, o que tá acontecendo, cara?" "Não sei, tá acabando a gasolina." – Ele começou a diminuir e os caras continuaram lá na frente. *Não é possível, meu Deus do céu!* Eu tava quase chorando, caíram até algumas lágrimas dos meus olhos e ele falou: "Brincadeira!" Ligou o quadriciclo de novo e saiu voando. Nossa! Que vontade de ralar a cara dele no chão de tanta raiva. Mas passou <3

Numa outra vez, assim como várias outras vezes, dez anos depois de eu iniciar na carreira (foi nesse mo-

mento que meu pai descobriu que eu era ator, hahaha) os adultos e meus irmãos estavam jogando bola com os peões e eu, como sempre, estava assistindo. Daí pensei: *Ou eu jogo bola ou eu não faço nada porque eu não dirigia quadriciclo nessa época. Que saco! Posso jogar?* Ninguém queria porque na fazenda tem muitos peões e eles já eram adultos. Mas depois acabaram deixando. Daí eu entrei no jogo. Tava lá na zaga, um peãozão gordão que parecia que tinha engolido a caixa d'água deu uma bicuda na bola e ela fez uma curva e bateu no meu rosto. Eu achei que ia perder o rosto, amputar, não sei se isso existe, mas nossa, eu achei que ia ficar sem rosto. Meu pai veio correndo, su-

perpreocupado, e perguntou se eu estava bem: "Não, pai. Eu não posso me machucar, nem quebrar um dente, nada... Eu sou ator, eu não posso ficar com a cara estragada, pai". Minha cara ficou vermelha e inchada. Meu pai ficou desesperado. Eu nunca mais joguei bola naquele campo.

E assim minha infância passou voando entre viagens, brincadeiras, travessuras, a vida em Piracaia, na fazenda do meu pai, na escola e no condomínio. Eu fui uma criança muito feliz, cercado de AMIGOS e da família, que sempre me deu muito amor e proteção.

FAMÍLIA

A família é aquela que sempre cuida da gente. A família é o nosso berço. Quando eu tô longe, eu sinto falta. Quando tá muito junto, eu quero dar um espacinho. Mas a família está sempre unida, não importa o que aconteça. Eu amo a minha **FAMÍLIA!!!**

Como disse antes, sempre vivi muito grudado com a minha mãe. Sempre fomos inseparáveis. Realizei vários sonhos com ela. Viajamos juntos para Porto Seguro, Porto de Galinhas, Bariloche, Disney, Paris, Londres, Roma, Veneza, Milão, Nova York, Miami... Nossa, nem eu tinha me dado conta que praticamente demos a volta ao mundo, hahaha. Ela era do tipo mãe moleca, que ia em todos os brinquedos dos parques comigo, que brincava de lutinha, uma mãe amiga, companheira. Tudo que eu preciso: conselho pra me relacionar com a namorada ou qualquer outra emergência, eu sei que ela está do meu lado pra me ajudar.

Meu tio Pedro Lucas, que é quem administra minha carreira ao lado da minha mãe, me acompanha em quase tudo, me ajuda demais nos meus compromissos profissionais. A minha avó Tereza me acompanha todos os dias no SBT. Ela é a minha vovozona. É quem anda pra cima e pra baixo comigo. Eu trabalho em família e isso é muito bom. Cada um realizando uma parte do trabalho, mas todos sempre juntos!

Meu "paidrasto" Danilo é muito legal e amigo. Ele é um paizão mesmo: faz tanto a parte do pai chato, pegando no meu pé para eu estudar, quanto a do pai divertido, quando rola uma competição de video game entre a gente. Tem dias que não tem como eu ganhar dele por causa da minha rotina e também por ele treinar mais do que eu, já que fica mais em casa. Ele me ajuda em algumas coisas de matemática.

Sempre brinquei com minha tia e o Artur assim: minha avó Tereza é morena, então ela é café e o meu vô Carlos é leite. Minha tia Genai é café e o Artur é café. Eu sou leite e minha mãe é leite também. Então é uma mistureba boa, pois a gente não se parece, mas somos unidos pelo AMOR. O Artur é uma pessoa maravilhosa! A gente cresceu juntos, mesmo eu sendo pentelho com ele, haha. Ele é muito tranquilo e vamos muito

ao cinema, parque, coisas *relax*. A tia Gege sempre foi uma segunda mãe pra mim, pois ela viu minha evolução, né, tia? <3

Minha madrinha, Ana, que acabo chamando de doutora, porque ela é médica e faz cirurgias, sempre foi muito boazinha, desde o batizado. A gente se ama muito, mas cada um mora de um lado da cidade e não nos vemos muito. Ficamos muito tempo sem nos ver e, quando ela me vê, sempre me dá um baita presente e fico até sem graça. Uma vez ela me deu um caminhão de fraldas e até um celular. Parece que a vejo só pra ganhar presentes, né? Mas não é isso! "NÃO PRECISA, não precisa, não precisa... Mas aceito". Amo muito ela. <3

O Xavier e a Fabiane, nossos amigos, são muito engraçados. Eles estão sempre de bom humor. Uma vez

fui para os EUA e não falávamos muito inglês. Daí eu e o Xavier queríamos jantar e fomos num restaurante japonês. Chegamos lá quando estavam fechando e não deixaram a gente entrar. Os atendentes foram mal-educados conosco. Daí o Xavier começou a xingar todo mundo em português, falar um monte de palavrão, eu morria de rir por que ninguém entendia nada do que ele falava, só a gente e nós falávamos um monte de besteiras.

A convivência com a minha avó Tereza também é muito importante pra mim. Ela cozinha pra mim. Eu gosto muito do feijão-preto que ela faz. É a MELHOR comida do mundo! Feijão-preto com almôndega de caixinha! Não tem igual em lugar nenhum! Quando ela faz essa comida, com uma saladinha e farofa, eu como de dois a três pratos! Não tem hora, pode ser no almoço ou na janta! Às vezes ela leva esse feijão pra minha casa, só que não fica igual porque as moças que trabalham lá não esquentam como minha vó esquenta.

Meu pai Leonardo sempre me aconselhou muito dizendo para eu fazer o que eu gosto. Eu converso muito com meu irmão José Felipe porque a gente gosta dos mesmos assuntos. Ele está no meio artístico como eu, e isso nos aproxima ainda mais... Nós dois ainda estamos começando nossas carreiras, então a gente sempre conversa sobre as coisas novas que estão por vir.

Quem são as pessoas mais importantes pra você? Me conta aqui e tira uma foto com a hashtag #joaosendojoao e me marque no Instagram!

#joaosendojoao

Tereza, avó

"Eu tenho uma identificação muito grande com o João Guilherme. Todos os dias ao lado dele são marcantes. Ele é muito brincalhão e muito carinhoso. Tem dias em que ele está mais fechado, então nós acabamos falando sobre coisas que ficam como um segredo de avó e neto. Eu sinto muita falta quando não estou junto dele. Todas as coisas gostosas de vó eu gosto de fazer: ir ao parque, cozinhar para ele. Tem uma coisa que eu lembro dele até hoje: quando era pequeno, ele adorava correr. Eu achava que ele ia ser atleta. Era um bebê de 2 anos correndo a mil por hora e nunca caía. Às vezes, quando eu tô triste, essa é uma imagem legal que eu lembro. Todas essas lembranças marcaram muito a presença dele na minha vida, mesmo que ele cresça e vá morar no exterior."

Cesar, avô

"Eu sou muito próximo do João desde o nascimento dele. Teve um momento muito marcante que aconteceu comigo e com o João, e ele não tem memória disso porque era muito pequeno e não tinha nem 1 ano de idade na época. Eu fui fazer um trabalho terapêutico e fiquei uns quatro dias fora de casa. Voltei superfragilizado dessa terapia, com algumas questões resolvidas, na paz, no silêncio. Eu me lembro que subi e cumprimentei minha filha e ele estava no colo dela. E, neste momento, ele me olhou muito dentro dos olhos, e ficamos assim por um tempo, com as testas encostadas. É engraçado porque ele era um bebê agitado, mas nesse momento nossas almas se encontraram como se ele estivesse me dizendo: vai dar tudo certo. Foi muito emocionante. Nós temos uma ligação que não precisa ser reafirmada a todo o momento."

Danilo, paidrasto

"Todo mundo brinca que quando a gente casa com uma mulher que tem um filho, a gente ganha um brinde. E eu gosto de dizer que o brinde foi a Naira, mãe do João Guilherme, pois eu me apaixonei pelo João e o meu amor por ele foi tão grande que a nossa relação desde o início tem sido de pai e filho."

Naira, mãe

"O Guilherme é um anjo, uma alma do bem, muito amoroso. Isso é fácil de perceber, independentemente de eu ser a mãe dele. É só você conviver um pouco com ele pra perceber o tamanho do coração, da generosidade e da humildade que ele tem. A soma de tudo isso faz com que as coisas aconteçam na vida dele de uma maneira muito natural. O Gui atrai o bem que emana. Eu sou muito grata a Deus por tê-lo como filho. Sou grata por ele preencher a minha alma de amor e de alegria todos os dias da minha vida."

Leonardo, cantor e pai

"Agradeço muito a Deus pelos filhos que tenho! Sou extremamente feliz e me orgulho demais do João Guilherme. Menino talentoso, trabalhador, carinhoso e determinado. Me enche de alegria quando está conosco e dorme na minha cama entre mim e a Poliana, minha esposa. Ele é carinhoso demais! Filho amoroso. Quando o vi no cinema em Meu Pé de Laranja Lima *fiquei emocionado e perplexo com seu carisma e talento. Te amo."*

O Pietro foi um projeto meu. Era assim: Operação Pietro. Pelo fato de ter irmãos mais velhos, que não moravam comigo, eu sempre quis ter um irmão mais novo. Sempre gostei muito dos meus irmãos e queria um irmão mais próximo. E desde os 8 anos pedia para minha mãe: "quero um irmão, quero um irmão, quero um irmão". E enchi o saco dela. A minha mãe fez o teste de gravidez quando estávamos nos EUA e ficamos muito felizes! Eu estava tomando banho na banheira quando a minha mãe me contou e até escorreguei. Mas eu esqueci que ele seria recém-nascido, porque eu queria que ele nascesse com 14 anos pra gente brincar, jogar bola, mas esqueci que ele viria pequenininho. Em 2015, o Pietro nasceu e todo mundo queria um nome. Ele parecia um bonequinho. Achei ele muito lindo! A primeira palavra que ele falou foi: LARI! Mas depois aprendeu a falar GUI. Quando ele nasceu, não me deixaram entrar na sala de parto, porque era criança e acabei não vendo nada. Mas vi depois quando ele ainda tava com aquela carinha de joelho.

NÃO MISTURE ALFABETO COM NÚMERO

Matemática era legal até começar a misturar alfabeto com número. Até o sexto ano era tranquilo, eu também não fazia novela, meu dever era estudar e ir bem. Eu nunca prestei muita atenção, sempre conversei na sala de aula porque sempre tive muitos amigos. Eu nunca fui uma pessoa mais paradinha, mas até então nunca tinha ido mal. Fazia meu trabalho e tanto conversava como prestava atenção. Conversava muito, mas conseguia me manter bem.

Nunca tinha ficado de recuperação até o sexto ano. ;(
No sétimo ano vieram minhas primeiras recuperações: de ciências e de matemática. Chegou o oitavo ano e comecei a dar umas *cagadinhas*, uma recuperaçãozinha aqui e ali, só que no final eu acabei passando direto.

Esse ano eu tô com... vamos dizer assim: algumas, muito poucas, recuperações – minha mãe que não lembre disso. Cada vez que ela lembra do fato, quer me

dar um castigo. Mas é porque tá tudo muito corrido e o mais difícil de tudo é não conversar na aula. Eu tenho muitos amigos e acho que a aula é muito chata se a gente ficar parado só olhando. Tenho a necessidade de interagir e nem sempre é o momento mais adequado...

Nas tarefas de casa, de vez em quando, minha avó me ajuda a estudar. Ela estuda alemão comigo, mesmo não sabendo nada de alemão. Mas, como ela é pedagoga, ela acabou invertendo a situação: pediu para eu ensinar alemão para ela. Então para eu poder ensinar, eu precisava aprender. Eu dava muita risada do jeito que ela falava, mas funcionava porque eu acabava tirando BOAS NOTAS.

Tem uma aula na qual eu não converso, que é a do "Grande F.". Ele é o meu professor, o cara é um ogro, o monstro das neves sem gelo. Por isso eu não converso na aula dele. Ele é gente fina e brincalhão, só que quando fica p@t!, ele fica p@t!. Três andares abaixo você tá escutando ele brigando com aluno.

Celular ou qualquer outra coisa eletrônica são proibidos na minha escola. Tem uns professores que são mais suaves, mas o F..., passa dois minutos e ele já tá pedindo pra jogar o celular pela janela. Uma vez, eu tava maior **FELIZ** na aula dele, achei que ele tava maior feliz comigo porque eu tava prestando atenção, anotando tudo, daí meu celular tava quase caindo do meu bolso e eu pensei: vou colocá-lo embaixo da mesa.

Todos os professores pedem pra deixar desligado, só que eu não gosto de deixar desligado porque vai que eu recebo uma mensagenzinha que preciso responder. Eu namoro então responder mensagem é obrigatório, né? <3 Vou ao banheiro e respondo. Foi uma coisa de cinco segundos, eu pegando o celular com a tela preta, não tava nem com a tela desbloqueada, aí ele deu um berrão assim: "JOÃO GUILHERME, O QUE QUE VOCÊ TÁ FAZENDO AÍ?" – *Calma.* – "VOCÊ TÁ MEXENDO NO CELULAR, É?" Eu nem falei nada porque, se eu falasse que tava mexendo no celular, ele me tiraria da aula, né? – "Não, de modo algum. Olha minhas mãos." – Levantei minhas mãos e ele viu que não tinha nada. Ufa! Dessa eu me safei!

Mesmo sem querer, desde pequeno acabei sendo o "garoto popular" da escola. Acabei gostando dessa situação. Eu lembro que uma vez eu tava assistindo o desenho dos *Padrinhos Mágicos* e um dos padrinhos perguntou para um personagem o que ele queria ganhar, e ele respondeu que queria ser popular na escola. Eu devia ter uns 5 anos e gravei essa cena na minha cabeça e, quando eu percebi, eu já estava vivendo isso na escola.

Minha matéria favorita é educação física porque eu posso gastar a energia que eu não poderia gastar em outras aulas porque receberia advertência por conversa excessiva ou indisciplina. Na aula de educação física eu gasto sem ninguém reclamar. Eu AMO esportes.

Mas tirando essa matéria, que é a preferida de quase todo mundo, as matérias que eu mais gosto são língua portuguesa e ciências (física e biologia). Língua portuguesa é muito importante para a minha profissão por causa da interpretação de texto. Não acho tão fácil a parte de gramática, mas gosto de produção de texto. E física e biologia me atraem porque gosto de estudar coisas lógicas, como gravidade, termologia e temperatura. E você? Quais matérias prefere? Me conte aqui e poste uma foto com a hashtag #joaosendojoao.

Meu nome foi escolhido pela minha mãe e pelo meu pai. Minha mãe escolheu Guilherme porque significa PROTEÇÃO, e ela achava bonito eu ser o anjo dela, que tem esse sentido de cuidado. E João foi escolhido pelo meu pai e significa HOMEM.

Certo dia, quando eu já estava mais crescidinho, perguntaram na escola o significado do meu nome. Eu fui perguntar pra minha mãe e ela me disse que era "homem protetor". Eu entrei em paranoia, em pânico. Fiquei morrendo de vergonha de levar pra escola o significado porque eu imaginei um protetor solar. Eu me vi como um super-herói em forma de protetor solar. Eu tive crise de choro porque eu me imaginava um Superprotetor Solar, hahaha. Esta história é muito engraçada e sempre acontecia na escola. Você já imaginou como seria um Superprotetor Solar? Desenhe aqui e me envie uma foto com a hashtag #joaosendojoao.

#joaosendojoao

PRIMEIRO TESTE

Um belo dia, um amigo da minha mãe ligou pra ela e perguntou se ela não queria me levar pra fazer um teste para o curta VENTO. Minha mãe então me perguntou: "Filho, você quer fazer o teste? Vai ser legal. Se fizer, dá pra ganhar uma graninha e comprar o cachorro que você tanto quer". No início, eu fiquei meio relutante. Eu tinha 7 anos e não gostava de sair da minha casa – resumindo, eu não gostava de ficar no carro – e, além disso, teria um texto pra decorar. Então eu reclamei com a minha mãe: "Ai, mãe, detesto ir pra lugar longe de carro! Que texto? O que eu tenho que falar nesse texto?"

Mas, alguns dias depois, lá estava eu com minha mãe, voltando do Carnaval, quando ela recebe uma ligação: "O teste é hoje". Só que eu tava vindo pra casa com o Lipe, meu amiguinho na época, dentro do carro, e a gente ia passar a tarde brincando. Então eu respondi pra minha mãe: "Eu não quero ir porque o Lipe tá indo pra casa". Só que ela disse que já tinha dado a palavra e que eu iria. Então eu respondi: "Tá bom, eu vou, mas o Lipe vai junto". E fiz o TESTE olhando pra ele, querendo que acabasse logo, dando um tchauzinho de vez em quando para confirmar se ele ainda estava lá, se não tinha fugido.

Quando cheguei, os produtores começaram a ver os perfis das crianças que estavam ali. Essas crianças já tinham experiência no meio artístico, já tinham feito propaganda, teatro... Então, eu quase falei: eu estudo alemão. Eu tava tranquilão e a galera falando que já tinha feito muitos trabalhos. Eles então fizeram uma rodinha e me excluíram e eu fiquei triste porque, na época, eu era menorzinho e não sabia como puxar assunto. Eu já tava de saco cheio de estar lá porque eu não queria fazer aquele teste.

Aí o Márcio Salem, diretor do curta, começou a perguntar umas coisinhas. "Qual o seu nome? Quantos anos você tem? O que você gosta de fazer?" Todo mundo respondeu: "Eu gosto de atuar". Eu respondi: "Eu gosto de jogar basquete". Mandei uma assim. Então o Márcio virou para todo mundo que estava ali e perguntou: "Quem gostaria muito de fazer esse trabalho?" Todos levantaram a mão, menos eu. Daí, é claro que todo mundo virou e olhou pra mim. Eu senti até o ventinho das cabeças virando.

O Márcio, então, se virou pra mim e me perguntou: "João, por que você não quer fazer o filme?". E eu respondi: "Ah, porque eu faço muita academia e natação, não quero perder minhas aulas de natação e basquete. E é isso. Eu não tô muito a fim de fazer, não. Eu tenho mais coisas pra fazer em casa" – *aquele miguezão básico* –, e, mesmo assim, acredita que o diretor me escolheu?

Porém, dois pontos me convenceram a fazer o curta:

A gravação ia ser em Piracaia, um lugar que eu adoro e onde minha família tem um sítio.

Toda vez que eu me encontrava com o Márcio, ele trazia um MC'Lanche Feliz pra mim.

Foi a partir daí que eu soube o que era ser ator, que era algo bem maior, e comecei a gostar. Só que, pra mim, ainda não era um hobby, era um dever. Então logo depois eu fui chamado para fazer a propaganda do McDonald's e falei que tava cansado. Cansado do quê? É a pergunta que eu me faço até hoje. Mas, pensando bem, que bom que eu não fiz a propaganda porque eu ia pedir o pagamento em comida.

No curta *Vento*, eu trabalhei com o Zé Carlos Machado, que acabou se tornando um grande amigo. Como tinha cenas pesadas entre nós dois, foi superimportante ele ter sido sempre muito legal. Eu comecei naquele momento a perceber o que era ficção e o que era vida REAL.

O Vinícius, meu personagem, não era uma criança do mal, só que ele roubava os ventiladores da cidade para ajudar a mãe a sobreviver da falta de ar, causada pelo superaquecimento no planeta. O dono do armazém era o Zé, por isso as nossas cenas eram sempre muito fortes. Eu apanhava direto, quando não era dele, era do meu pai na trama. Em um primeiro momento eu fiquei meio assim: *como é que a gente vai fazer isso?* Eu não queria apanhar, e fiquei pensando: *Deve ter uma técnica, sei lá, ele vai bater assim na mão, tipo aquelas novelas mexicanas, ou então eu iria virar o* ROSTO.

Aí fiquei sabendo que ele iria bater de verdade. Vai bater de verdade? O quê? "Ele não vai fazer forte", o diretor me disse, "ele vai mais empurrar o seu rosto, em vez de dar um tapa".

Rolaram os ensaios. O cara deu o tapa forte na minha cara, eu chorei de verdade. Gritei: "Seu idiota!" E quase soltei uns palavrões. Foi muito legal esse momento porque foi o primeiro contato que eu tive com cenas mais fortes. O curta era muito triste. Eu acho que eu tinha um carma com coisas tristes, só fazia coisas tristes até chegar a NOVELA.

VOCÊ PRECISA CHORAR

No curta *Vento* teve uma cena que eu encanei que não ia CHORAR. Então aconteceu o seguinte diálogo:

Minha mãe: — Pensa numa coisa que te deixa triste.

Eu: — Não tem nada que me deixa triste.

Minha mãe: — Mas você tem que buscar, tem que pensar. Chora, chora...

Eu: — Eu não vou chorar.

Minha mãe: — Filho, você precisa chorar.

Eu (berrando, chorando, vermelho): — Eu não vou chorar! Eu não tô triste, não vou chorar! Não quero chorar! Que saco vocês!

PROTAGONISTA

O Bruno Costa e o Marcos Bernestein estavam fazendo os testes para o *Meu Pé de Laranja Lima* no Rio havia meses. Já tinham feito testes com mais de 300 crianças e ainda não tinham encontrado o garoto para fazer o Zezé. Então o Bruno me chamou pra fazer o teste e eu achei que não teria muita chance por causa do sotaque, já que o Zezé era mineiro. Mas, beleza, minha mãe veio falar comigo e eu topei. *Vambora.*

Ela me deixou numa salinha de TV sozinho com o Bruno, ligou a câmera e me colocou com uma planta que tinha na casa dele e me falou: "João, finge que essa planta é o Meu Pé de Laranja Lima, interage com ela, que eu vou filmar e mandar esse vídeo pro diretor lá no Rio de Janeiro". E aí eu fiquei lá um tempão olhando pra planta e não falava nada. Então o Bruno virou e disse: "João tá gravando, pode ir". E eu muito tranquilo, respondi: "Calma que eu tô ouvindo o que ela tá me dizendo, primeiro eu tenho que ouvir o que ela tem pra me dizer, pra depois conversar com ela". E foi assim que eu passei no teste.

Meu Pé de Laranja Lima ocupou uma grande parte da minha vida porque eu era PROTAGONISTA do filme. Então em 94% das cenas eu apareço e muitas delas eram cenas fortes. Eu tinha 9 anos e a minha vida girou em torno disso. Não tinha namorada, não tinha um esporte, era aquilo que eu tinha pra fazer. Fiquei um bom tempo me concentrando nisso, e eu acho que foi a melhor época da minha vida. *Meu Pé de Laranja Lima* tinha muita EMOÇÃO, estava eu lá de novo apanhando, chorando, mas, para compensar, tinha também cenas muito engraçadas, divertidas, por exemplo, a que eu caía no lago, que eu me pendurava no carro, pisava no vidro... Foi maravilhoso eu poder viver tudo isso.

"FOI MEU PRIMEIRO CONTATO COM UM SENTIMENTO TÃO INTENSO. EU FIZ A CENA COM PROFISSIONALISMO DO INÍCIO AO FIM".

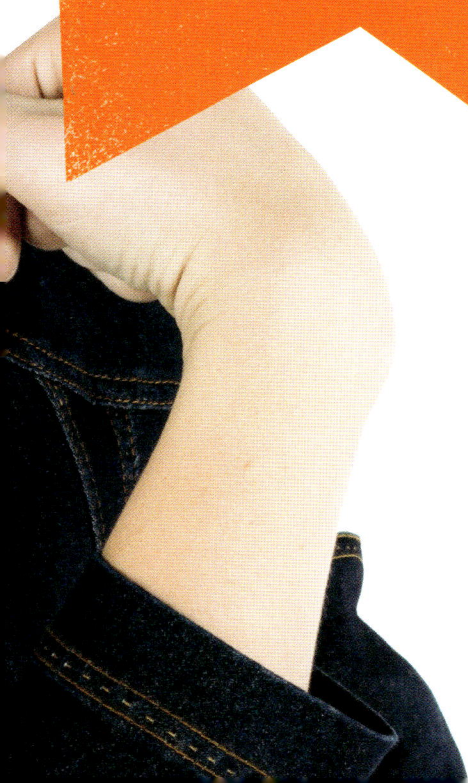

Eu praticamente morei em Cataguases, em Minas Gerais, por três meses. O Zé de Abreu, que fazia o personagem Portuga no filme, é fantástico, ele é muito engraçado, super gente fina. Ele foi o meu melhor amigo durante o filme. Eu lembro que a gente brincou bastante. Foi muito gostoso poder estar com ele lá. Por mais que ele fosse mais velho, a gente sempre tava junto. Eu estava em todas as cenas divertidas do **FILME**. Era uma família aquilo. Foi a melhor fase, a gente gravou no lago com uma molecada enorme, fora muitos outros momentos divertidos com meus irmãos do filme, Pedro Vale, Leônidas Vale, Kathia Calil e Julia de Victa. Aliás, se vocês estiverem lendo isso, estou morrendo de saudade...

Teve minha primeira cena de briga. Era uma briga de meninos. Perder numa briga normal já não é legal, né? Perder numa briga no filme é menos legal ainda. E naquela época não tinha isso, né? Era um FILME, em que eu ia perder e que ia ficar tudo bem. Eu fiquei revoltado que ia perder. Eu falei: "Eu não vou deixar ninguém me bater". E eu lembro que o Bruno Costa – que foi meu preparador, a quem eu sou muito grato, e que me ajudou bastante nesse filme – percebeu que eu não estava ainda muito apto à atuação e, por isso, era bem mais fácil chorar de raiva do que de TRISTEZA. Então o tanto que a equipe me provocou... juro que eu queria atirar neles, queria bater em todo mundo! Chorei igual um louco.

Todos os atores do elenco começaram a me desafiar, a praticar bullying com o Zezé, meu personagem no filme, que se desesperava por causa da humilhação e partia pra cima dos moleques, mas apanhava. Foi meu primeiro contato com um SENTIMENTO tão intenso. Eu fiz a cena com profissionalismo do início ao fim, mas quando terminou eu dei uma desestabilizada e saí correndo. Corri uns três quilômetros, e a minha avó Tereza, que é quem estava me acompanhando aquele dia no set e o Bruno vieram correndo atrás de mim. Mas eu precisava CORRER, CORRER, CORRER... Quando eles me alcançaram, me deram um abraço de cachorro-quente, eu fiquei no meio dos dois como se fosse uma salsicha.

Bruno Costa, preparador de elenco

"Durante as preparações do Meu Pé de Laranja Lima, *o Gui tinha 9 anos e o que me encantou nele foi o seguinte: tinha uma cena em que o pai era muito agressivo com ele e ele tinha que xingá-lo com um choro engasgado. E eu precisava descobrir o que irritava o João Guilherme. Descobri que cutucá-lo ou dar uns beliscõezinhos (nada que doesse) o deixava irritado. O que eu achei fantástico é que no dia em que a gente filmou, a gente fez a preparação, ele veio com o choro, mas o cinema tem dessas coisas... nem sempre a atuação do*

ator é o suficiente, você tem outros componentes, o som, a luz, o enquadramento e alguma dessas coisas deram errado, e a gente precisou fazer a cena de novo. Eu fui reaquecê-lo, fiquei com dó e ele pediu: Faz mais! Uma criança, naquela idade, com 9 anos, já tinha a consciência como ator de que ele precisava de mais pra atingir o ponto de emoção a que ele tinha que chegar. Já tinha uma consciência muito grande do que era ser ator, e isso me encantou e me deixa encantado com ele até hoje."

ECKŌ
Happy Birthday
João
9
Unltd

adidas
PALMEIRAS
adidas

Danilo, paidrasto

"Eu não levava muito a sério a carreira do João no início. Até hoje eu acho que ele deve focar muito nos estudos, porque o principal é o estudo, o conhecimento, o estímulo do raciocínio. Pelo fato de eu ser empresário eu quis estimular isso nele. Então eu falava: Gui, você tem que ser dono de alguma coisa, pensa em alguma coisa que você quer ser dono. Um belo dia eu tava *dirigindo e ele, no banco de trás do carro, me falou: Dan, eu já descobri do que eu quero ser dono. Quero ser dono de uma loja de filmes. Foi ali que eu vi que não tinha como conter a vocação dele. A mãe dele sempre me falava: Ele quer ser ator, isso é uma vocação dele. Mas eu falava: Ele é uma criança, não tem como levar a sério porque, se você perguntar pra uma criança o que ela quer comer todos os dias, ela vai falar que quer comer McDonald's. Por isso eu não levava a sério, até eu ir ao interior de Minas Gerais acompanhar alguns dias a gravação do* Meu Pé de Laranja Lima. *E, assim que eu cheguei, avistei-o no meio de uma cena no set de filmagem, e ali eu vi o talento dele."*

RIRIRIRIRIRIRIRIRIRI

RIR É O MELHOR REMÉDIO

O filme *Entrando Numa Roubada* não era nem triste nem feliz. Era algo meio LOUCO. Eu era uma alucinação no filme. Eu não era um personagem fixo, fazia uma participação no começo, mas aparecia em diversos momentos porque eu era a alucinação de um dos protagonistas da história, o Lúcio Mauro Filho. – Esse cara é SENSACIONAL. – Então as cenas ficaram muito legais e foram só cenas divertidas.

Tinha umas cenas muito doidas como, por exemplo, uma em que a Deborah Secco ficava só de lingerie atrás de mim. Foi meio engraçado, eu fiquei meio sem jeito, era inevitável eu olhar para a Deborah e não lembrar da Bruna Surfistinha – isso que minha mãe nunca me deixou assistir esse filme.

O filme conta a história do Walter, interpretado pelo Lúcio Mauro Filho, que fica sempre sob pressão. E toda vez que ele toma um remedinho, eu apareço com a roupa do Batman. Isso acontece porque eles seriam animadores de festa e eu o aniversariante bem no comecinho do filme. O Walter grita com o Jarbas, que é o meu personagem, e fica com a consciência pesada por ter gritado com a criancinha. Foi muito marcante esse trabalho porque foi algo DIFERENTE de tudo o que eu já tinha feito.

Lúcio Mauro Filho

"O João Guilherme é aquele artista nato, aquela figurinha que desde criança já mostra a sua vocação de uma forma muito cristalina. Eu me lembro da primeira vez que a gente se encontrou pra fazer a leitura do filme Entrando Numa Roubada *e ele já chegou se comportando como um veterano, o que não deixava de ser, afinal de contas não era o primeiro nem o segundo trabalho dele. Eu fiquei impressionado com a desenvoltura dele e com essa mescla de um lado moleque, mas também de um outro lado profissional muito conectado em tudo, muito a fim de saber de todas as etapas da produção. Não simplesmente chegar e decorar um texto e ir fazer. É um artista mesmo, uma figura interessada na*

música, no figurino, na cena. É um orgulho pra mim, que o tenho acompanhado nos últimos anos, vê-lo crescer como artista e, acima de tudo, como ser humano. Vindo de uma família maravilhosa, isso é nítido na educação dele, no jeito como ele se relaciona com as pessoas. Quando eu penso lá na frente, imagino o João Guilherme como um dos grandes artistas do nosso país, com um potencial imenso, com um talento e um carisma incríveis. É um prazer enorme tê-lo na minha vida como companheiro de trabalho, como amigo. E é claro que eu tô *sempre na torcida."*

#QUEFOFO

#QUEFOFO

TÉCNICAS DE ATUAÇÃO

O Bruno Costa foi o preparador do *Vento* e do *Meu Pé de Laranja Lima*. Ele trabalha com uma técnica na qual você busca a emoção do personagem dentro de você de verdade. Não entenderam nada, né? Vamos lá que explico: nessa técnica, você não conhece o personagem antes de gravar. Então, todos os dias, eu só sabia o que ia gravar de manhã. Por quê? Para não ter nada construído do personagem em minha cabeça. Então não existia uma construção de quem era o Zezé ou de quem era o Vinícius. Eu conhecia no dia a dia o que ia acontecer naquele momento. E como que eu buscava a emoção daquele momento? Através dos meus sentimentos. Ficou confuso? Explico: eu gostava muito da minha cachorra, a Hannah. Teve uma cena em que o carro do Portuga é atropelado pelo trem e ficam só os destroços. Ele morre na história, e a gente teve uma preparação para essa cena. O Bruno não ficava preparando o mês inteiro, ele preparava o personagem para aquela cena da morte.

E o que ele fez? Eu lembro exatamente disso. Ele pegou uma almofada e jogou num canto e colocou cadeiras de plástico, de churrasco, mesa... colocou em cima da almofada. E colocou, colocou... e começou a me beliscar. Belisca aqui, belisca ali e me perturba ali, e eu já com meu saco cheio. Depois de um tempo de 2 meses, a gente sabe que não é pessoal. Eu já tinha percebido que aquilo fazia parte da preparação. A não ser que o cara me odiasse muito pra ficar me beliscando e me xingando. Aquilo era para despertar o SENTIMENTO de raiva que me fazia chorar e eu acabava atuando.

Então, o Bruno falou assim: a Hannah tá ali e ela tá morrendo, apontando para a almofada que tava soterrada embaixo das cadeiras e da mesa. Bicho... eu não sei o que encarnou em mim! Comecei a chorar. Eu, com 9 anos, puxava as cadeiras, jogava a mesa, gritando "Cadê? Cadê?". E ficou uma cena incrível. <3

Eu tenho muito orgulho de ter feito *Meu Pé de Laranja Lima*. O filme ficou muito legal, recebemos muitas críticas positivas. A equipe foi pra França conversar sobre o filme. Ganharam prêmios, mas me levar que é bom, nada, hahaha.

KNGS
24
SNEERS

FORMAÇÃO ARTÍSTICA E INFLUÊNCIA DA FAMÍLIA

Eu nunca fiz curso de teatro, nunca tive aula de palco. Sou autodidata, aprendi sozinho. Não existe diferença na forma de atuar na TV ou no cinema. A diferença está mais no modo de fazer. Na TV a gente grava bastante. Um filme tem duas horas e a gente grava tudo, em média, de um a três meses. Na TV a gente tem, normalmente, um ano de novela, todo dia passando, as gravações acontecem de uma maneira mais fácil.

O SBT é uma empresa enorme, então os equipamentos são diferentes: tem três booms, um profissional pra cada função, estúdio, o que também facilita muito as coisas, quatro câmeras pra gravar... Geralmente em um filme são usadas de uma a duas câmeras e nem sempre em um estúdio, então as coisas são um pouquinho mais demoradas, e também tem a edição, que não é feita por um grupo de milhares de pessoas, a equipe é mais reduzida.

Sempre que as pessoas vão falar da minha carreira artística se referem ao meu pai ou meu tio. Só que, a princípio, eu sou ATOR. Ou seja, conheci muito o meio artístico por causa deles, desde muito pequeno que eu os acompanho, mas os dois são cantores e eu sou ator. Difícil entender? Os dois sempre fizeram muitos shows, programas de televisão, rádio, e eu pensava: *Essa é a vida que eu quero ter pra mim.* Mas nunca imaginei como isso aconteceria, até que o destino me levou para a dramaturgia e, de uma maneira muita rápida, tudo começou a acontecer também na minha VIDA. Não tive a ajuda do meu pai e nem mesmo do meu tio para iniciar a minha carreira, tive a insistência da minha mãe para eu fazer um teste, o qual eu não podia nem imaginar do que se tratava, e, de repente, parecia que um bichinho havia me mordido, parece que eu já tinha nascido daquele jeito, atuando e interagindo com pessoas mais velhas, conversando, decorando texto, interpretando... Parece que eu nasci fazendo AQUILO.

Pela minha família por parte de mãe, a minha avó Tereza é atriz, ela já fez teatro, filmes, novelas... O meu bisavô Oswaldo Ávila, que morreu há um tempo, também era ator, atuou a sua vida inteira. Ele fez muitas peças, filmes, novelas, inclusive a novela do *Meu Pé de Laranja Lima* no ano de 1981, a primeira versão. Eu acredito que eu tenha no sangue esse bichinho artístico. Sou cercado dos dois lados por influências tanto musical quanto da dramaturgia.

A minha avó sempre me influenciou pra assistir peças de teatro. No começo, quando eu era menorzinho, eu ficava um pouco perdido. Gostava, mas achava tudo aquilo muito diferente... Hoje, além da minha vó, tem a Larissa que ama teatro, e isso me ajuda a estar mais próximo desse universo que eu ainda não tive tempo de conhecer, mas quero muito. Um dos meus planos para o ano que vem é reservar um espaço na agenda para viver essa experiência. Deve ser FANTÁSTICO, só de pensar, me dá um gelo na barriga.

Hoje eu gosto tanto de cantar quanto eu gosto de atuar. As duas coisas me proporcionam o mesmo estilo de vida pelo qual eu me apaixonei. Uma vida mais ativa, fazendo coisas mais divertidas, me aproximando dos meus ídolos e também podendo ser o ídolo de alguém. São coisas diferentes. A atuação me dá todas as possibilidades de vida: posso ser um menino triste, fazer um cara louco, outro engraçado, outro ainda mais feliz... Eu posso ser alguém que eu nunca nem tinha imaginado ser. Atuar me abre as portas para o mundo, para todos os tipos de pessoas, e eu amo isso, ser livre, ser quem eu tiver que ser, experimentar, me jogar sem estar preocupado com o que o outro vai pensar.

MÚSICA

A música entrou com toda a força na minha VIDA. Nem acredito que hoje eu tenho o meu CD, as minhas músicas tocando em todas as plataformas digitais, nos maiores aplicativos de música como o Spotify, o Deezer, a Claromusic, o meu canal do YouTube, superforte, divulgando todo o meu trabalho musical... Mais uma vez, tudo aconteceu de uma maneira muito natural. Eu não esperava tamanha força dentro desse segmento e, quando eu percebi, já estava com duas MÚSICAS emplacadas na novela, primeiro lugar em aplicativos famosos, e eu com a agenda da minha nova turnê fechada para quase um ano. Aqui sim posso dizer que eu tive muito apoio da família. Meu tio, PeLu, foi fundamental. Ele que me produz. Junto comigo compôs as minhas músicas inspirado nos momentos que eu estava vivendo. Passava horas e horas me orientando nos ensaios e no estúdio. Preparou cada detalhe da minha turnê, do meu show, isso sem falar que a ideia inicial de sairmos antes de tudo ser do tamanho que é hoje, com o "acústico", fazendo os pockets shows, foi dele. Minha mãe e meu tio abraçaram essa ideia. Eu me joguei de cabeça, passei noites e mais noites preparando a minha voz, ensaiando, e foi em menos de três meses de preparação que tudo COMEÇOU.

O bom da música é que através dela eu posso me conectar a diferentes tipos de pessoas. Nos shows, vão desde menininhas de 5 anos até adultos. Muitas vezes, é o pai ou a mãe que gosta da música ou a criança tem um irmão mais velho... Os adolescentes também curtem muito. Ou seja, minha música não tem idade. Uma das frases que mais escuto nos shows é: "Ai, eu sou mãe, mas também mereço tirar uma foto, né? Elas gostam mesmo".

Eu escuto muita música eletrônica, adoro também o sertanejo. Comecei gostando por causa do meu pai e hoje sou APAIXONADO. Amo Luan Santana, Jorge

& Matheus, Henrique & Juliano, Mateus & Cauã... Eu acho fantástico porque são letras bonitas, músicas com uma pegada diferente. Tem um pessoal que dá um outro suingue pra música, uma parada um pouco mais reggae, eu gosto muito.

Meus irmãos Pedro, Thais, Zé Felipe e Matheus sempre acompanharam música sertaneja. Acho que fui muito influenciado por eles também, só que eu tento, sempre que possível, não associar muita coisa ao sertanejo, para evitar o máximo possível ficar vinculado à imagem do meu pai. O sertanejo é meu pai em pessoa e isso é maravilhoso. A história de sucesso do meu pai é sensacional, de muita luta para chegar aonde chegou. Mas essa é a história dele, não a minha. Eu sou ator, cantor, youtuber e estou ainda conquistando o meu espaço. Tudo até agora na minha vida foi assim, o destino que me conduziu, e as coisas estão acontecendo muito bem e eu não quero

que seja diferente. Quero batalhar para ter a minha identidade e ser reconhecido pelo meu talento.

Pedro Munhoz (Pelu), tio e empresário

"Quando eu comecei com o Restart, o Gui tinha 7 anos e me viu fazendo sucesso nessa época, dos 7 aos 10 anos. Isso foi muito marcante porque ele via o tio na TV. Mesmo ele tendo o pai superfamoso, eu tinha uma linguagem mais próxima, que dialogava muito mais com o universo dele com o pop rock. Eu lembro do Gui em vários shows, ele ficava superfeliz quando podia ir e até hoje ele me enche a paciência, perguntando: Quando o Restart vai voltar? Vocês têm que voltar! Não tem um dia que ele me encontra que ele não pergunta: E aí? Quando o Restart vai voltar? Vocês precisam fazer um show pra eu cantar com vocês! Eu acabei, sem querer, tendo essa importância artística na vida dele, de ele olhar para aquilo e querer viver a coisa da música que ele curtia, mesmo que ele não compreendesse 100% aquilo. Ele queria fazer show, viajar, porque ele sabia que essa era a minha vida. Muitas vezes eu não ia às festas ou deixava passar comemorações porque eu estava viajando."

“AH, A MÚSICA – DISSE DUMBLEDORE SECANDO OS OLHOS. – UMA MÁGICA QUE TRANSCENDE TODAS QUE FAZEMOS AQUI!”

Harry Potter

BANDAS PREFERIDAS

Restart na veiiiaaaaaa

Maroon 5

DNCE

One Direction

Trio Yeah

DJS PREFERIDOS

Major Lazer

Calvin Harris

Flume

Selva

DJ Snake

SUAS BANDAS PREFERIDAS

SEUS DJS PREFERIDOS

MATURIDADE

Eu criei maturidade por ter começado a trabalhar aos sete anos. Sempre fui um pouco mais maduro que os meus amigos. 70% dos meus amigos não têm a minha idade. Sempre um ano mais velhos, dois anos mais velhos... Todo esse trabalho cria maturidade porque eu convivo com pessoas adultas, converso com pessoas adultas, outras cabeças, outros assuntos. Sai daquela coisa futebol – escola – video game. Então isso cria uma maturidade que é difícil fazer parte da minha idade.

Por isso, minha mãe sempre foi muito tranquila comigo. Desde sempre eu fico solto no condomínio, eu passo a tarde fora e eu volto de noite, se eu tô sem um pé ou sem um braço, ela acredita que eu vou dar conta do recado – ela nem imagina como...

Eu SEMPRE gostei muito de ir passear com os amigos. Desde os dez anos ela me deixa na porta do shopping e depois volta para me pegar – minha primeira sensação de independência. "Você não sai do shopping, você não faz nada, qualquer coisa, me liga" – acho que por um bom tempo ela ficava me vigiando escondida, mas tudo bem, vou acreditar que foi só uma impressão. Eu fico no shopping com os meus amigos um pouco mais velhos porque os da minha idade não tinham esse costume de ficar sozinhos. Meus amigos mais velhos sim, e a minha mãe sempre foi muito de boa com essas coisas. Então eu ficava com eles sempre. Até hoje eu estou sempre com os amigos mais velhos.

Quando eu terminar o primeiro colegial, eu já tenho que escolher o que quero seguir como PROFISSÃO. Hoje eu não me vejo fazendo outra coisa, eu gosto muito de imaginar, tenho uma criatividade muito boa, mas mesmo assim eu não consigo pensar em outra coisa que não seja estar no meio artístico: atuando, cantando, interpretando... Já tentei pensar em não ser mais ator, mas logo vem na cabeça eu sendo produtor, diretor ou roteirista. De qualquer maneira, uma pessoa da ARTE. Eu sou apaixonado pela minha profissão, pelo meu meio.

MATINÊS

Minha INFÂNCIA com amigos teve a época dos condomínios, a época dos shoppings, a época das matinês e a época em que eu comecei a namorar.

Nas matinês, os meninos adolescentes ficam beijando as menininhas. É tipo uma baladinha infantojuvenil. Na época que eu comecei a sair para as matinês, só podia entrar com 12 anos. Era essa, mais ou menos, a faixa etária: dos 12 aos 17 anos. Só que eu sempre era o mais novo e os meus amigos iam e eu ficava na espera até completar os meus 12 anos. Chegou, que alegria, quase enfartei de felicidade!!! No mês em que eu fiz 12 anos – eu faço aniversário no dia 01/02 – a baladinha fechou porque o pessoal de 17 extrapolava, entrava com bebida. Um pai entrou com processo e os meus sonhos foram por água abaixo.

Em outras matinês a gente dava beijinho nas menininhas, ficava contando quem beijava mais, e isso era o máximo na época. Hoje o que as pessoas costumam fazer são festas nas casas delas, as house parties (HP). Mas essa moda pegou junto com o meu namoro, e aí já viu, né? Mais uma vez, tudo por água ABAIXO.

Eu namoro há mais de um ano e a fase balada agora só combina com amigos. No começo da novela eu ainda ia e eu me lembro de algo legal que é o seguinte: eu ia na balada como um cara qualquer e, quando comecei a ser mais conhecido, passei a ir como "o cara da novela", tinha um lugar mais VIP, todos queriam saber quem eu era, ficavam curiosos... Naquele momento eu era o convidado "Very Important Person", ou seja, VIP, e as meninas se matavam de curiosidade.

Mas isso nunca subiu pra minha cabeça!

VIDA ANORMAL

Eu trabalharia com outras coisas, mas relacionadas à arte, porque essa vida que eu tenho hoje é muito legal. Eu acho que tenho a vida um pouco anormal pra uma criança de 14 anos. E um dos lados mais legais da minha profissão é poder conhecer pessoalmente quem antes eu só admirava pela TV. Por exemplo, a Larissa Manoela. A Larissa hoje é a maior atriz *teen* do Brasil, né? Ela é a Maria Joaquina! Quem imaginaria que depois de um curta-metragem, que foi quando eu a conheci, eu estaria namorando com a Maria Joaquina?

VIDA ANORMAL

MEU HERÓI

Eu gostava de Harry Potter como qualquer um que assiste e acha legal o filme. Gostava, mas não amava. Até o momento que eu, com 4 anos, conheci meu melhor amigo, Orlando Sérgio, no elevador. A gente começou a trocar uma ideia. Minha mãe falou pra gente jogar video game e, a partir daí, a gente se via todo dia pra jogar *Lego* do *Star Wars* e do *Batman*.

E foi então que eu descobri que nós dois amávamos **HARRY POTTER**. Eu invejava o quarto dele porque ele tinha o Harry na parede, e eu pedia todo dia para minha mãe comprar o mesmo papel de parede. Na verdade eu queria o do *Voldemort*! Mas enfim, não tinha nem um nem outro, e, como o Orlando era superligado nesse mundo de *Harry Potter*, nos aproximamos bastante.

Harry Potter não é apenas uma série de livros ou filmes, é um outro mundo proposto pra gente se imaginar nele. E eu lembro que na época a gente brincava de fazer parte daquele mundo. Só que o convite pra ir pra Hogwarts só chega com 11 anos. É no sexto ano do colégio que eles vão pra aprender bruxaria. E eu lembro que, como eu era o mais novo nos aniversários dos meus amigos, todos recebiam convite pra Hogwarts, menos eu porque eu tinha 10 anos e meus amigos, pra variar, eram mais velhos – vantagens e desvantagens.

Eu amo Harry Potter. Li todos os LIVROS, vi todos os filmes. Li até a enciclopédia. As principais sagas da minha vida: *Harry Potter* e *Percy Jackson*. Amo tudo nas mitologias gregas, egípcias, romanas... Agora eu quero ler livros de mitologia nórdica, do *Thor, o deus do trovão*. Ele é de Asgard, e isso não é um mundo inventado, existe um mundo assim que os nórdicos criaram. Tem também o *Loki*, que é o deus da mentira, e tem muitos outros deuses. Sou fascinado por esse universo.

Meus

LIVROS PREFERIDOS

Saga Harry Potter
J. K. Rowling

Caçadores de sombras
Cassandra Clare

O caso dos dez negrinhos
Agatha Christie

Eu fico loko
Christian Figueiredo

Seus

LIVROS FAVORITOS

Não deixe de preencher e postar a foto com a hasthag

#JOAOSENDOJOAO

NO CREO EM FANTASMAS. PERO QUE LOS HAY, LOS HAY.

Meu colégio é muito grande, a estrutura dele é enorme. Tem um auditório bem grande e até mezanino. Eu e meus amigos gostamos de fazer o quê? Sempre que não tem nada pra fazer, a gente invade o auditório, pelas portas de vidro, e começamos a vasculhar, a andar na coxia, no palco, porque lá tem teatro e um pianão superantigo.

Então a gente entra e fica tocando piano, mesmo sabendo que é proibido. E justamente por ser proibido a gente sempre vai com muito MEDO. Ainda mais porque tem dias em que o auditório tá aceso e tem dias que tá um breu. Então, com tudo escuro, você não vê nada, não vê nem o preto, fica cego. Pavor total!!

Certo dia, eu e meus amigos falamos assim: "Nossa, tá tudo escuro, vamos para o mezanino". Antes de subir no mezanino tem uma área e duas portas, uma em cada lado do auditório... "Vamo entrar..." A gente entrou e fechou a porta e usamos a lanterna do celular... Corremos, corremos, PÂNICO, subimos as escadinhas, subimos, subimos, subimos, com muito medo chegamos lá em cima e tava tudo um breu também, mas tinha uma cabine de luz. Começamos a passar devagarinho. Aí um retardado deu um grito: "Ai, eu vi alguma coisa, escutei uma voz!" Nós corremos num pique, que atravessamos aquele auditório em dez segundos.

Teve outra vez, na gravação de *Cúmplices*, que a gente tava numa casa. Era uma externa. A gente tinha que sair de uma porta, como se estivesse saindo da CASA. A casa tava toda escura, já era de noite, uma cena noturna.

Sabe aquelas portas com dois vidrinhos do lado? Eu e o Kevin estávamos brincando, fazendo lutinha na porta, e aí a Bia colocou o rosto no vidro pra ver lá dentro e deu um grito falando que tinha uma mulher de vestido preto lá. A gente saiu correndo.

A Bia deu um grito, o coração dela tava na mão – tumtumtumtum – batia muito FORTE. A gente ficou com medo, ela falou que tinha uma mulher lá dentro. E eu juro por tudo que, quando eu tava brincando com o Kevin, antes de ela pôr o rosto no vidro, eu tava tentando abrir a porta e a porta tava TRANCADA.

Aí, no exato momento em que a Bia saiu a gente se afastou um pouco da porta... O Kevin era o mais cagão, ele já tava a dez mil metros de distância. Eu disse assim: "Imagina se essa porta estivesse aberta". E eu pus a mão na maçaneta e abri. Velho, a porta tava aberta! Neste exato momento eu saí correndo. Corri tanto que quase saí da externa.

O Menezes que é nosso diretor disse assim: "Então vamos lá, vamos rodar. Kevin, encosta lá no vidro da porta..." Aí o Kevin falou: "Tá bom, e o Kevin não chegava a uma distância de dez metros da porta". E o diretor: "Kevin, encosta no vidro da porta". E o Kevin: "tá". E dava dois passinhos. KEVIN, ENCOSTA NA PORTA. E ele dava dois passinhos. O Menezes ficou bravo, mesmo sendo muito carinhoso com a gente. Daí ele chegou e falou: KEVIN VECHIATTO, ENCOSTA NESSE VIDRO. E o Kevin: "Não, tem uma mulher de preto assustadora lá dentro, tio". No fim, tudo deu certo, mas essa história é macabra!

MEUS FILMES PREFERIDOS DE TERROR

INVOCAÇÃO DO MAL

A VISITA

O MASSACRE DA SERRA ELÉTRICA

A CENTOPEIA HUMANA

ASSIM NA TERRA COMO NO INFERNO

E os seus filmes favoritos?
Me conta aqui e poste uma
foto com a hashtag
#joaosendojoao

SEUS FILMES PREFERIDOS DE TERROR

VOCÊ TAMBÉM TEM MEDO DE FANTASMAS? QUAL É O SEU MAIOR MEDO?

Me conta aqui, tira uma foto com a hashtag #joaosendojoao e me marque no Instagram

TV E CINEMA

Eu acho que a principal diferença entre TV e cinema, além do tempo das gravações de todo o ciclo, é o tempo que a gente produz as cenas. O filme tem uma estrutura de gravação mais reduzida, já na novela são muitas câmeras, uma equipe maior de produção, uma estrutura de estúdio mais prática que nos SETs de cinema, ou seja, produzimos mais por dia.

Meu Pé de Laranja Lima foi EMOÇÃO na veia, era muito choro, brigas, cenas tristes. O Zezé é um personagem muito sofrido. Já em *Cúmplices de um Resgate*, eu vivo uma história que se assemelha na dificuldade de vida, mas que difere nas oportunidades felizes que o Joaquim tem para viver. Dois personagens diferentes, mas que precisam da minha entrega de modo igual.

Fazer TV e cinema é legal porque nos ajuda a dar VIDA a algo que não somos. Podemos viver coisas que jamais viveríamos sendo nós mesmos. Eu sempre tento, a partir daí, trazer para minha vida o que aquele personagem tem de bom, por exemplo, trouxe a música do Joaquim, a alegria dele no palco. Isso eu aprendi com ele. Sempre busco enxergar as COISAS BOAS da vida como o Zezé, lutar pelas pessoas que eu amo, como o Vinícius, a ser um pouco mais descontraído como o Jarbas. Os personagens nos ajudam muito a viver a vida de maneira mais legal. Passamos tanto tempo sendo eles que é impossível não aprender nada daquela personalidade.

MEUS FILMES PREFERIDOS

SAGA HARRY POTTER

PROJETO ALMANAQUE

CAPITÃO AMÉRICA: GUERRA CIVIL

PROJETO X

CIDADE DE PAPEL

SEUS FILMES FAVORITOS

SONHOS

Eu sou uma pessoa sonhadora desde que me conheço por gente. Nesta foto aí do lado já sonhava muito. Eu não tenho apenas um SONHO específico, eu tenho vários. Além do que eu já vivo, sonho em poder continuar fazendo o que eu gosto, o que eu acho que é algo pra vida inteira. Hoje eu namoro com uma menina muito especial, que me entende muito. Além de namorados, nós somos melhores amigos. Eu tenho uma melhor amiga como NAMORADA. Eu a vejo todos os dias e a amo muito e o que eu sinto por ela é recíproco. Ela é linda e é minha. Isso é um sonho: eu tenho uma companhia sempre, pra tudo.

Fazer uma novela hoje é um sonho realizado porque é algo que sou apaixonado. Nossos ídolos acabam ficando mais perto, o que é outro sonho realizado. Quero continuar ganhando a minha vida fazendo o que eu gosto, de hoje até sempre, atuando e cantando, sendo uma pessoa bem-sucedida e tendo uma família bem-sucedida. Gosto muito de atuar, de cantar, de estar no meio artístico, ou de estar falando na frente de uma câmera ou cantando para um público ao vivo. AMO MINHA VIDA!!

Um grande sonho que tenho é morar fora do Brasil, fazer filmes em Hollywood. Eu assisto muito filme americano. Todo filme que eu vejo, eu penso: imagina se fosse eu fazendo esse filme. Eu tenho sim o sonho de sair do Brasil, fazer trabalhos fora, séries... Esse dia ainda vai chegar.

Outro grande sonho para o futuro é ter a minha vida independente, a minha casa, o meu carro, fazer o que eu gosto de fazer sem ter que pedir à minha mãe. Como o meu tio PeLu, que desde muito cedo teve o apartamento dele, o carro, uma vida de quem era ainda de adolescente, mas com cara de ADULTO. O primeiro apartamento do meu tio foi a minha mãe que fez a decoração, e o meu sonho é ter uma casa igual à do meu tio, uma casa onde ele morava sozinho e ao mesmo tempo uma casa jovem, toda colorida, cheia de video games. Eu queria ser o meu tio porque ele vivia tudo isso, tinha uma vida independente: ele podia dirigir, morar sozinho, os amigos viviam na casa dele e ele era jovem! E isso era consequência da carreira dele! Isso fez com que eu quisesse também ser bem-sucedido na minha vida. Meu tio é minha referência de um cara demais com uma vida demais!!

E OS SEUS SONHOS?

Me conta aqui, tira uma foto com a hashtag #joaosendojoao e me marque no Instagram

FAMA: LADO BOM E RUIM

O sucesso com a novela foi uma surpresa. Eu não esperava que fosse fazer esse sucesso. Eu via os atores de *Chiquititas*, porém eu não os conhecia antes da **FAMA**, conhecia como artistas que já tinham reconhecimento do público. Então eu não sabia que ia ser uma mudança tão grande na minha vida e que abriria muitas portas, como por exemplo o YouTube e a música. *Cúmplices de um Resgate* foi um divisor de águas na minha vida.

Até hoje um público mais adulto me para, conversa comigo por causa do *Meu Pé de Laranja Lima* e de *Entrando Numa Roubada*. Mas a novela trouxe um reconhecimento muito mais evidente, mais intenso, que é do público infantil e infantojuvenil.

Existe o lado bom e o lado ruim da fama. **O LADO BOM** é que eu recebo todos os dias uma carga tão grande de amor, carinho e alegria, e isso não tem preço. Minhas fãs abriram portas para o meu canal do YouTube, que é um sucesso, e para a minha música, pela qual estou apaixonado. Graças a elas é que eu sou o que sou hoje. Graças a elas que estou escrevendo este livro.

A parte que não é tão boa é quando, por exemplo, eu tô com dor de cabeça... O mundo tem dor de cabeça, o mundo de vez em quando fica mal com alguma coisa, ou a gente tá comendo, com sono e chega alguém pedindo pra tirar uma foto ou fazer um vídeo. E não é que eu não queira tirar foto ou nada disso. É que eu não estou me sentindo bem para sorrir, para ser atencioso, para dar a atenção que eu acho que é merecido. Me sinto mal quando eu não consigo ser atencioso, como eu acho que devo ser.

Seis horas da manhã na escola, eu tô acordando, com a cara amassada, pensando em como eu vou matar a maior quantidade de aulas possível. Eu ainda tô na minha, nem acordei direito, tô pensando no café que eu tomei, aí vem um monte de pequenininhas pedir autógrafo. Isso não é ruim, mas eu fico meio perdido, ainda nem sei direito onde eu estou. Mas sempre dou o meu melhor. <3

Minha carreira como ator me proporcionou muitas outras coisas. Por exemplo, cantar. Tem muita gente que canta hoje e não é reconhecido. Eu mesmo conheço muitas pessoas que cantam, têm a voz maravilhosa, um supercarisma, só que não conseguiram emplacar sua carreira. Em resumo, toda essa "fama" está me abrindo as portas para coisas muito legais, só que eu nunca posso perder quem eu sou. **JOÃO SENDO JOÃO**. A fama é uma consequência muito boa, mas o mais importante de tudo é não perder nossa essência.

REDES SOCIAIS

Minha maior influência nas redes sociais é o Instagram, onde eu tenho mais de 4 milhões de seguidores, que acabam acompanhando a minha vida, em todos os meus momentos. As minhas redes estão crescendo cada vez mais. Meus fãs me seguem, curtem minhas fotos, vídeos, mensagens, em todos os canais. No YouTube estamos com quase 2 milhões de inscritos. Isso é demais! AMO essa interação.

Eu tenho muitos seguidores no Twitter também. O Twitter é um pouco mais difícil de crescer porque lá você tem que postar coisas o tempo todo pras pessoas saberem o que você tá fazendo. Precisa ser bem ativo.

O Snapchat eu acho fantástico, eu tenho uma repercussão muito boa, dá pra ver... Não são seguidores, o Snapchat são visualizações. Dá pra ver quantas visualizações têm na sua HISTÓRIA.

As redes sociais são um meio pra eu ficar mais perto dos meus fãs. No caso do Snapchat, por exemplo, que é instantâneo... Por mais que o cara veja dez minutos ou duas horas depois, a gente colocou naquela hora. Não é que eu gravei um vídeo e coloquei dois dias depois. Aquele vídeo foi ao vivo, eu gravei e coloquei. Os fãs gostam disso porque eles se sentem próximos... *Ah, ele tá ali agora... Nossa, eu* tô *vendo o que tá atrás dele agora.* Então o pessoal curte bastante. Eu também. É um dos que eu mais gosto junto com o Instagram.

O meu Facebook estourou desde que eu era pequenininho. Quando eu tinha 8 anos e postava apenas algumas coisinhas, eu falava muito mais sobre o Club Penguin, pelo qual eu era apaixonado. As redes sociais servem pra me deixar mais próximo do meu público, fazer com que eles saibam o que tá acontecendo comigo e também sobre os novos projetos, mandar coisas novas pros meus fãs.

No YouTube, você é você. **JOÃO SENDO JOÃO**. É difícil você encontrar alguém fazendo sucesso no YouTube fingindo ser alguém que não é. Quando eu conheci os youtubers, vi que os caras são engraçados como nos vídeos. Ou diferente: um cara chato no vídeo, o cara é mala como nos vídeos. Na maioria das vezes as pessoas são o que realmente se mostram ser no YouTube. No meu caso, eu sou descontraído, alegre. O que é legal no YouTube é que não tem um roteiro, eu posso dar pirueta da ponte ou sentar e ler um livro. Eu mesmo roteirizo o que acontece lá e o público gosta. É só fazer de uma maneira legal, bem pensada, criativa, mas sem perder a naturalidade de ser quem você é.

Eu sempre gostei muito de coisa de terror. Tem um canal que eu assisto muito, AmbuPlay, que é de terror e eu acho **SUPERLEGAL**. Eu assisto muito também o Milho Wonka. As pessoas ainda não o conhecem direito, mas ele é um cara bem bizarrão. Ele é bizarro pra caraca. Esse cara tem um cabelão preto, usa umas lentes de contato, tem os dentes meio afiados, fala um monte de curiosidades sobre filmes e séries, lugares que apareceram em filmes que realmente existiram. Ou ele fala das 10 pessoas mais estranhas do mundo ou 10 pessoas com cirurgias estranhas, 10 métodos que os médicos utilizavam antigamente com loucos. Ele fala umas coisas que me deixam intrigado, eu fico curioso pra saber o que ele vai falar.

Tenho meu lado de humor bem forte também. Eu assisto muito o Christian, o Pyong, o Julio Cocielo, a Malena... Esses são os meus favoritos, que eu tô sempre vendo e tô sempre junto. Eu conheço a maioria dos caras que eu gosto como amigo e como colega de trabalho no YouTube.

Pedro Munhoz, PeLu, tio e empresário

"Certa vez o Gui estava quase chegando a mil seguidores no Instagram e me pediu: Tio, posta uma foto comigo para eu chegar no número X. E outro dia eu estava olhando o Instagram dele, e ele tem mais de 4 milhões de seguidores. Eu brinquei com ele: Posta uma foto do tio aí pra eu chegar no número X."

JOAO GUILHERME AVILA
JOAOGUIAVILA
JOAOGUIOFC
JOAOGUIAVILA
JOAOGUIOFICIAL

ROTINA

Teve uma época da MINHA VIDA em que eu fazia inglês de segunda e quarta-feira e natação de terça e quinta, ou seja, sobrava a sexta-feira. Até a minha mãe perceber que eu estava com uma folguinha, e adivinha??? Kung fu na cabeça. Todos os dias eu tinha alguma atividade pra fazer! Folga, jamais!! Por isso sou elétrico assim... A única coisa que eu nunca quis fazer foi futebol, até hipismo eu fiz nos tempos em que morei em Piracaia.

Acho que isso tudo fez com que eu me tornasse agitado. Hoje eu não sei ficar em casa. O dia que eu não tenho gravação da novela entro em desespero.

Preciso sair, ir ao shopping, ir ao médico, fazer qualquer coisa. Eu não sei ficar em casa sem fazer nada, simplesmente jogado no sofá, morgando, isso é desesperador pra mim!

Meu ritmo de vida hoje é das seis da manhã – que é o horário que eu acordo pra ir pra escola – à meia-noite – que é o horário que eu termino de fazer a **LIÇÃO**. Eu fico cansado, mas gosto disso. Não tem nada que eu faça hoje que eu não goste bastante.

Todo dia eu acordo às 6h15 da manhã, aí eu me troco rapidão. A minha mãe me chama no máximo três vezes e já vai arrumar as coisas. Bom, se ela vai arrumar as coisas é pra eu me trocar enquanto isso, porque se ela voltar e eu ainda estiver na cama, o bicho pega (Te amo, mãe <3). Eu dou uns dois minutinhos deitado na cama depois que eu ouço a voz dela e me levanto e vou me trocando, ponho minha **ROUPITCHA**. Ela traz o meu café na cama com frutas, escovo os dentes, arrumo o cabelitcho e a gente vai. Eu pego carona com dois amigos meus e a irmã mais velha deles. É sempre um dos pais que leva. Minha escola é das 7h00 às 12h45.

Eu saio de lá mais ou menos nesse horário. Quando eu tenho algum compromisso, saio um pouco antes. Aí eu vou pra casa e almoço. Às 13h30 o carro do SBT já tá passando lá em casa. Então eu tenho que ser bem rápido e objetivo, comer e me preparar. Não dá pra deitar ou jogar video game. Escovo os dentes, ponho um boné, pego o texto, o crachá e desço. Eu acabo voltando do SBT por volta das 20h30. Estudo e faço tarefas. Se estiver mais tranquilo eu encontro a Larissa, mas geralmente é isso.

Sábado eu tenho o dia mais livre porque durante a parte da tarde eu não tenho gravação, só durante a manhã e o comecinho da tarde. Eu saio com os amigos ou com minha namorada. Domingo eu tenho show. De vez em quando tenho que viajar sábado de noite ou sair mais cedo, quando o lugar é um pouco mais distante. Quase sempre eu acordo às 6h no domingo e vou para o aeroporto. É bate-volta sempre, a gente nunca fica até o dia seguinte. Eu chego na cidade umas 11h, meio-dia, e meia-noite tô em casa de volta.

Não sobra muito tempo para conhecer as cidades, porém eu já estive em muitos lugares legais, em muitos pontos turísticos. Nunca tinha ido para Porto Alegre, fui por causa de um show. Belo Horizonte eu tinha ido só pra gravar o filme e eu voltei lá pra visitar de novo. Nordeste e Centro-Oeste também. Eu acho isso bem legal porque o show me proporciona conhecer novas cidades, culturas diferentes, o jeito das fãs de diversos lugares. Tem fãs mais calorosas, fãs mais calmas. Cada estado tem uma característica diferente, e isso é muito legal!

E VOCÊ, TAMBÉM ENROLA PRA ACORDAR?

Me conta aqui a sua rotina, tira uma foto com a hashtag #joaosendojoao e me marque no Instagram! Quero saber se somos parecidos :D

SHOWS

Sempre que eu podia, eu ia ao show do **RESTART**. Eu via como as fãs do meu tio eram loucas por eles. Eu tinha até alguns seguidores por causa do meu tio. Essa fase foi muito legal porque eu pude acompanhar o sucesso deles, dos shows menores até os enormes nas casas de espetáculo, como o HSBC. Quando a banda do meu tio PeLu estourou, eu tinha uns 6 anos e participei muito de perto dos shows que eles faziam em São Paulo. Quando ele ia me buscar no colégio, eu achava o máximo porque minhas amiguinhas todas queriam autógrafo. Eu tive a fase da calça colorida, de querer ser o meu tio. A maior referência **MUSICAL** que eu tenho sempre foi ele, porque eu vivi o trabalho deles (Restart) muito de perto, nos bastidores, nos camarins, os ensaios na garagem de casa ou no quarto.

Quando a novela começou, pouco tempo depois, eu comecei a pensar em fazer pocket shows. Primeiro comecei com as músicas *Princesa, Certa pra mim, Tudo é você*, que são um pouco mais atuais, intercalando com outras músicas.

Eu sempre gostei de cantar no banho. A novela despertou bastante esse meu lado porque o Joaquim também canta. A minha primeira experiência profissional foi a abertura da novela. CÚMPLICES sou eu que canto junto com a Larissa. Vendo que o público gostava do Joaquim como cantor, eu pensei: se o Joaquim pode ser cantor, o João Guilherme também pode. Então eu tomei a decisão final, investi nisso e deu supercerto.

O **PRIMEIRO SHOW** que eu fiz foi no Hotel Meliã na Paulista. Fiquei bem nervoso porque seria a primeira vez que eu iria me apresentar ao vivo. Eu já tinha cantado antes em Fortaleza para 13 mil pessoas. Foi um show que o SBT me convidou para participar, o *Carrossel da Alegria*. Eu era o convidado especial do dia. Entrei para cantar na marra. Eu tava meio durão, foi um superdesafio, eu estava supernervoso. Mas daí eu pensei: *Eu preciso me superar, vou me jogar de cabeça e fazer direito esse negócio aqui.*

CANTORES PREFERIDOS

CHARLIE PUTH

SHAWN MENDES (ELE É F*DA)

SELENA GOMEZ (MULHER MAIS BONITA DO MUNDO)

ZAYN

JUSTIN
BIEBER

Antes do show no Hotel Meliã, eu tive uma preparação. Tive 5 ensaios e passagem de som. Eu já tava um pouco mais tranquilo por causa dos ensaios com o Renato, o músico que toca comigo e com a minha professora de canto, GyOgata.

Já passei por algumas situações de aperto nos meus pocket shows. Uma das vezes, no meio do show, o microfone **DESLIGOU**. Acabou a bateria, não sei o que aconteceu. E eu fiquei pensando: *O que eu faço agora?* Continuei cantando e as fãs não perceberam de imediato porque elas estavam cantando junto. Mas aí eu peguei o microfone do Renato, porque ele faz backing vo-

cal. Teve outra vez que eu tropecei na hora de subir no palco, e outra que um velhinho dormiu durante o show inteiro, devia ter ido para acompanhar a filha e estava roncando o show inteiríssimo, na primeira fila. Eu quase ri no meio da música. Haha.

Às vezes, minha mãe vai aos shows e, quando ela tá presente, sempre me diz antes pra fazer as orações, e depois da apresentação pra eu não esquecer de AGRADECER a Deus por todas as pessoas que foram até lá pra me ver. Quando eu olho pra carinha de cada uma delas e percebo que elas saíram mais felizes, que dançaram, deram risada, ficaram alegres, choraram de emoção, eu penso que o que eu faço só transmite O BEM. Ter uma profissão que te permite deixar as pessoas mais felizes é uma bênção.

MEU PRIMEIRO AMOR

Meu primeiro amor era uma menina chamada "Lu". Eu era bem pequenininho, estudava no jardim de infância. Eu e ela éramos namorados assumidos e andávamos de mãos dadas. Eu não jogava bola. Eu plantava bananeira. Ficava com as pernas pra cima e a camiseta no queixo. Teve uma vez que eu achei que tava lindo lá, plantando bananeira, mostrando meu físico pra ela, pras amiguinhas dela, pra professora também. E aí a bola escapou do jogo e bateu onde? Na minha mão. Eu caí com o queixo no chão. *Será que a Lu tá chorando por mim?*, eu pensei. Que nada! O Johnny, que era meu melhor amigo na época que me levou pra enfermaria. Não chegou a dar ponto, mas eu fiquei com Band-Aid, parecendo jogador de futebol americano. E a Lu nem levantou pra me ajudar. Foi meu primeiro amor e também minha primeira decepção amorosa.

NAMOROS

Eu fiquei muito amigo do Adin, o meu dublê do *Meu Pé de Laranja Lima*. Nós conversávamos sempre e éramos próximos. Ele era um ano mais velho que eu. A Lud, irmã dele, era da minha idade. Eu gostava da Lud, eu achava ela linda na época e era apaixonado por ela. Hoje eu perdi o contato com ela. A gente não chegou a namorar. Depois que terminou a gravação e eu voltei pra São Paulo, nunca mais vi a Lud. Não sei como ela tá hoje, mas ela foi minha primeira paixão platônica, aqueles amores que ficam só nas trocas de olhares. Isso já **ERA DEMAIS!!**

Namoro, namoro mesmo... no sexto ano eu tive uma outra namorada, uma menina que tinha repetido de ano. O nome dela era N., era um ano mais velha. Ela foi minha primeira namorada depois do sexto ano, o que foi uma evolução porque eu já tava misturando alfabeto com número na álgebra, então eu já era um pouco mais maduro, porque pra aprender álgebra a pessoa tem que ter um pouco mais de evolução na vida.

Eu namorava ela, só que ainda era um namoro muito imaturo. Era assim: a gente namorava um dia e terminava, namorava outro dia e terminava. No máximo um selinho. Tínhamos 11 anos e terminávamos um com outro por causa de ciúme. Passavam dez dias, a gente voltava. A gente terminou umas 7 vezes em uns oito dias, haha. Não namoramos mais, ficou uma mágoa um pouco distante.

Depois do sexto ano eu não namorei mais. Aí tinha bastante baladinhas, as matinês, as menininhas... Eu continuava sendo uma pessoa normal, um pouco mais bonitinho, nunca fui a pessoa mais feia do Brasil. Aí começaram os testes pra novela, eu passei, tava garantido. *Você vai ser o Joaquim Vaz. João Guilherme Ávila, você está na empresa, no* **SBT**.

Pois bem, tava com minha novelinha garantida nas costas e continuei indo nas festinhas, vendo meus amigos, até que eu conheci uma atriz. Ela foi minha primeira namorada depois da "ziquezira", a N., que eu fiquei, após o sexto ano, quase dois anos no zero a zero. Eu entrei na novela no fim do oitavo ano. Eu tinha acabado de fazer 13 anos.

Aí já era um NAMORO mesmo. Eu não ia brigar e terminar como fazia com a outra. Durou três meses. A gente se via no SBT. Eu a conheci por lá, nós éramos amigos próximos. A gente começou a namorar. Ficamos cada vez mais próximos porque eu tava fazendo workshop para *Cúmplices*, as aulas antes da novela enquanto ela ainda estava em gravação. Então a gente sempre se via.

Eu fiquei bravo na época porque a gente terminou por uma bobagem. Temos um amigo em comum e um dia eu fui dormir na casa dele. Por coincidência do destino, ele iria numa festinha, só que eu não iria ficar na casa dele e ele na festinha. Eu tinha que ir com ele. Só que ela queria ir junto, e eu não queria que ela fosse porque eu, com experiências anteriores, sabia que os caras ficavam dando em cima das meninas.

Eu ia lá só pra acompanhar o meu amigo mesmo. Eu liguei pra ela e falei que eu só tava indo por essa razão. Daí ela falou que ia terminar e eu respondi: termina. A gente ficou naquela magoazinha.

Fui pra festinha, foi bem LEGAL. Tinha um pessoal que já era do meio artístico, algumas modelos, um pessoal que cantava, alguns meninos de TV...

Eu acabei ficando com uma das meninas que estavam na festa. Eu tava muito bravo porque ela tinha terminado comigo só porque eu queria que ela ficasse protegida, e quem aparece na festa? Adivinha? A própria!

Eu voltei correndo pra ela, mas já era tarde demais! As duas se detestavam, eram inimigas mortais e com isso, claro, minha namorada ficou sabendo de tudo e aí nosso namoro terminou. Imagina, hoje as duas são amigas e quem se tornou o vilão da história? Vai entender a cabeça de menina...

Mulheres mais bonitas

Selena Gomez
Lucy Hale
Cara Delevingne
Ariana Grande
Kendall Jenner
Flavia Pavanelli
Nah Cardoso
Camila Senna
Chloë Moretz
Larissa (sempre)

A PRIMEIRA IMPRESSÃO NEM SEMPRE É A QUE FICA

Na época que passava *Carrossel*, eu não gostava da novela. Eu ficava pê da vida porque eu queria brincar com meus amigos do condomínio, mas eles queriam assistir a novela. Gostava muito de brincar com os meus amigos no condomínio jogando bola, caindo na

piscina, fazendo besteira, passando cola nas maçanetas. A gente brincava desde os 4 anos de descer: descer de casa para o térreo. Descer era o código para se divertir. *Vamos descer. Você vai descer hoje?* Descer era prioridade. Ficar com os amigos era prioridade. Até que vem o diacho do *Carrossel*. A partir do momento que eu escutava meus amigos falarem que iam subir pra assistir *Carrossel*... **COMO ASSIM?** "A gente tá junto aqui, vocês vão me deixar pra assistir *Carrossel*?" "Ah, é... porque é legal", era a resposta deles. "*Carrossel* é novela de criancinha, vamos ficar aqui, vamos jogar bola."

Eu me recusava, era uma birra, eu não ia assistir *Carrossel*. Eu ia ser mais forte que o *Carrossel*, eu não ia me deixar seduzir também. Eu pensava que carrossel era um brinquedo pra criancinha e por isso devia ser uma coisa mais bobinha.

Aí bem no dia que eu liguei a TV... T*á, vou ver o que tem nesse* Carrossel... E tinha o Constantino conversando com uma meia e um sofá. Eu liguei bem na hora que ele tava conversando com uma meia e um sofá. Daí eu desliguei a TV na hora e falei: "Não, meus amigos não estão me abandonando pra ver alguém conversando com uma meia e um sofá". E quem diria que hoje eu ia tá namorando a Maria Joaquina?

Eu conheci a LARISSA na novela, eu sempre achei ela muito bonita, mas ainda não a conhecia. Ela fazia a Maria Joaquina, era a única coisa que eu conhecia dela, e pensava: "Nossa! Essa menina deve ser mala pra caraca!".

A gente fez três meses de workshop, e ela só apareceu na metade porque tava gravando o filme do *Carrossel*. Fomos nos conhecendo aos poucos e ela sempre foi muito legal comigo.
A gente foi ficando mais próximo no workshop.

Comecei a me encantar com ela, a gostar muito dela, e passei a dizer isso sempre pra ela **"ESTOU GOSTANDO MUITO DE VOCÊ"**, só que ela namorava. Mas eu sabia que ela não tava muito próxima do namorado dela e sabia que ela tava começando a gostar de mim também. Pensei: *Logo mais eles vão terminar.* E fiquei esperando esse dia chegar.

Rolou a festa da Maria Fernanda Nóbrega, de 15 anos. Não aconteceu nada de mais lá, eu fui como amigo da Lari. Aí beleza, eles pararam de namorar e eu pensei: *Ah, moleque!* Eu sabia que eles iam parar de namorar, eu tava me sentindo meio vidente. Daí aconteceu o primeiro beijo que foi numa externa. A gente ainda não namorava, mas já se gostava. No dia choveu muito, então a externa pendurou (foi adiada para o dia seguinte). Na hora que a gente tava indo embora, a Maria Pinna falou: "Não vão embora ainda não". A externa acontecia na mansão da Isabela, que é uma mansão muito grande. Nós fomos pra academia e NOS BEIJAMOS. Alguns dias depois, eu a pedi em namoro.

Porém, a Larissa queria namorar, e a mãe dela no começo não gostava muito da ideia do namoro, mas o pai, Betão, apoiava. O sogro apoiava o namoro e a sogra não. No começo foi isso, mas, depois de tanto a Larissa e a Maria Pinna ficarem falando com ela, a Silvana, minha sogra, deixou.

A gente começou a namorar. Já se passava mais de um ano e a gente se via quase todos os dias. É difícil um dia que a gente não se veja, que a gente não converse. Ela virou parte fundamental na minha vida hoje. Se a gente não grava juntos, a gente tenta se ver. É um NAMORO SÉRIO, a gente usa aliança desde que completamos 7 meses. Parece que a gente namora há uma vida toda. Passamos tanto tempo juntos, vivemos tantos momentos legais, tanta coisa boa, que a sensação que eu tenho é que conheço a Larissa desde que nasci.

No aniversário dela, em dezembro, a Larissa me convidou para ser príncipe dela. É claro que eu aceitei, mesmo tendo ficado um pouco nervoso porque era a primeira vez na vida que eu iria dançar valsa. Eu ainda não tinha nem 15 anos, por isso, faltando uma semana pra festa, minha mãe deixou eu faltar 2 dias no colégio só para ficar ensaiando. Uma professora foi lá no meu prédio e eu ensaiei e deu tudo certo. A festa foi linda!! Ela parecia uma PRINCESA de verdade, daquelas de desenhos da Disney – minha mãe me fez assistir todos os filmes da Disney.

A Larissa é linda em todos os sentidos. Viajamos juntos pra Angra dos Reis e pra Fortaleza. Essa viagem pra Fortaleza foi muito no começo do namoro e, nessa época, a gente não postava fotos juntos. Teve um dia que eu comi camarão, tilápia, acarajé, tudo que você imaginar. No outro dia, tínhamos combinado com o pessoal do Beach Park de abrirem 5 horas antes pra eu e a Lari podermos ficar sossegados por lá. E, na hora que eu acordei pra ir, meu deu uma dor de barriga! Acabou que as cinco horas viraram duas e o parque ficou com poucos brinquedos abertos só pra gente porque o público já tava entrando.

Larissa Manoela, namorada e atriz

"João é um menino muito especial. Ele foi a melhor coisa que me aconteceu porque, quando eu menos esperava, ele

apareceu pra me fazer muito feliz. Além de namorados, somos muito companheiros, colegas de trabalho, irmãos, amigos. Nós dividimos momentos incríveis juntos. Ele é uma pessoa extremamente divertida, com o coração maior que o universo, que não cabe dentro de si, muito humilde, que tem o pé no chão. Ele tem crescido muito como ator e cantor. Nós estamos crescendo juntos. Ele é um presente na minha vida, o menino dos meus sonhos, o meu príncipe, como ficou provado pra todo mundo na minha festa de 15 anos. Ele é essencial na minha vida e me faz muito feliz. Nós já vivemos muitos bons momentos no namoro: viagem em família, a trabalho, curtindo os fins de semana que temos livres, indo ao cinema, ao shopping, com nossos amigos que fazem parte do meio artístico. O mais legal de namorar com o João é que, além de eu ter uma pessoa incrível do meu lado, a família dele também é incrível. O elo entre a minha família e a família dele é muito especial. Tanto o pai quanto a mãe dele me acolheram muito bem. Os cunhados se tornaram irmãos pra mim porque eu sou filha única. Nós estamos sempre de bem com a vida e crescendo juntos como pessoas e como profissionais. Meu amor por ele é inexplicável. Do nada virou tudo.

Nos conhecemos nos testes de Cúmplices de um Resgate *e eu quis saber mais sobre a vida do meu par romântico, e aí eu acho que tudo casou. Os personagens se gostam na novela e a arte imitou a vida."*

João Guilherme

"Depois que conheci a Lari no workshop, comecei a gostar mais dela, me aproximar... Queria ficar com ela, mas sabia que não seria fácil! Ralei, ralei, ralei... Lembro que a gente ficou numa sexta-feira e na terça-feira eu falei: Mãe, eu preciso pedir ela em namoro. O que eu faço? Eu nunca tive costume de falar sobre esses assuntos com a minha mãe. Eu falei: Mãe, a gente precisa dar alguma coisa, né? Um presentinho, uma lembrança, uma rosa, uma flor, sei lá o quê. Daí pensei numa pulseira fofa. A minha mãe comprou e a Lari tem até hoje. Daí ela estava em casa e saímos com meus irmãos pra jantar. Estava nervoso, mas tentei ficar tranquilo, falei que gostava muito dela, que ela era muito importante, e perguntei se ela queria namorar comigo. Ela disse: **SIM!** *O tempo foi passando e tudo foi dando certo."*

Larissa
JG

JOAQUIM

Eu não fazia ideia que eu tinha passado no teste pra fazer o JOAQUIM porque foram vários testes. Eu lembro que a minha mãe, num dia de semana normal, rotineiro, veio me falar: "Filho, eu tenho uma surpresa pra você. É um presentão que você vai gostar muito".

"Gostar muito? É o quê?" Eu perguntei.

No dia ela estava passeando em Embu. Eu pensei que só podia ser um cachorrinho, porque lá tem muitos.

O que que é? Um cachorro?

Não, não é um cachorro.

É um celular?

Não, não é um celular.

Melhor que um cachorro e um celular não existe, né?

Melhor que um cachorro e um celular só se for um celular vestido de cachorro, né? Ou um contêiner com lanches do McDonald's.

Daí ela me deu a notícia: "Filho, depois de tantos testes, você passou na NOVELA".

Caraca! Comecei a correr pela casa gritando de alegria. Eu fiquei muito feliz porque eu sabia que ia ser fantástico, que ia ser uma experiência muito legal, um dos melhores momentos da minha vida.

"Com o tempo você vai começar a ir ao SBT fazer workshops", minha mãe me falou. Eu tinha a notícia de que eu já ia fazer, só que não era pra ficar espalhando, porque nunca se sabe. "Vamos esperar as próximas notícias de como será a rotina", ela me disse.

Eu tava na casa do meu pai, que é um dos lugares que eu mais gosto de estar nas férias, daí eu tive que sair de lá. A viagem, que ia ser de um mês, durou três dias. Minha mãe falou: "Filho, volta porque amanhã você vai começar a fazer o workshop de preparação para a novela".

Aí eu voltei e comecei o workshop. Foram dois meses e meio. Saímos da casa do meu pai e viemos pra São Paulo, e eu lembro até hoje: o primeiro dia de workshop foi 7 de janeiro, porque era o dia do aniversário do meu irmão e eu iria comemorar com ele em Goiânia, porém tive que vir pra cá.

Nós fazíamos aulas sobre atuação, sobre como buscar o SENTIMENTO, sobre como trabalhar nosso personagem. Era o Beto Silveira que nos dava aula. Ele fazia de nós seres humanos melhores. Fazia a gente se colocar no lugar dos outros, a buscar o sentimento dentro da gente. Ele fazia vários exercícios muito legais e era tudo muito bom. Tínhamos aulas de música, de canto, de instrumento, de dança...

Começaram, então, as gravações de *Cúmplices*. O meu personagem, Joaquim, grava muito com a Bia Jordão e o Kevin Vechiatto. Somos nós três. A maioria das cenas eu tô junto com eles. Na maior parte das vezes eu também contraceno com a Giovanna Chaves e com a Larissa, porque faço par romântico com elas e têm cenas muito fofas que A GENTE GOSTA de gravar.

Eu não gravo muito com o pessoal do vilarejo. Teve uma fase da novela que a gente se juntou bastante pra levar a Isabela de volta pro vilarejo a pé. Foi muito legal, mas não fazia parte da rotina.

As cenas são muito engraçadas. O Kevin é todo engraçado, e a gente ri muito com ele. A Bia é muito divertida. Eu acho os dois muito fofinhos, eu gosto muito de gravar com eles. São meus AMORES!

O Renato Cavalcanti também, a gente grava muito juntos, porque dentro da trama nós moramos no mesmo prédio. Nós somos muito uma família. A novela também é uma família. Acontece todo dia, faz parte da nossa vida. Eu considero a Bia e o Kevin como irmãos, o Renato como um grande amigo, tanto na novela, como na vida. Eles acabaram virando parte da VIDA REAL. E é muito legal toda essa relação.

Teve uma vez numa gravação externa que a gente estava procurando a Isabela e fomos parar num prédio

abandonado cheio de mendigos. Só o lugar era medonho, pois era uma escola que foi abandonada porque uma menina morreu dentro da sala de aula. E as pessoas falam que escutam como se fossem barulhos de sala de aula, com batida de mesas, risco de giz na lousa... Era um bagulho tenso, cheio de restos de velas nas escadas, e teve uma hora que até peguei na vela e pensei: *Meu Deus, vou ser amaldiçoado, hahaha.* Lá não tinha teto, mas tinha algumas palavras escritas bem em cima, num lugar impossível de alguém alcançar pra escrever. **Medo!**

Quando chove de repente e estamos numa externa, temos que esperar bastante. Daí, moleque... Eu e o Kevin fazemos muitas travessuras. Certa vez, numas dessas esperas, fomos num camarim que tinha micro-ondas. E pegamos batatinhas e colocamos dentro do micro-ondas e o bagulho fritou. Fez muita fumaça e todo mundo achou que estava pegando fogo. *Não façam isso!*

O Joaquim é um personagem que não tem muitos problemas. Ele está sempre muito feliz, equilibrado. Ele é muito parecido comigo. A gente gosta da mesma pessoa. <3 Acho maravilhoso o fato de ele estar sempre pra cima, e isso faz com que as minhas cenas sejam mais divertidas. Num barco, aventuras... Eu, a Bia e o Kevin aprontamos demais! Tem cenas que tenho que decorar muito, mas pra mim não é difícil. Cenas com choro são mais elaboradas e tenho que me concentrar mais.

Rodrigo Dorado, colega de elenco

"Eu queria dizer que uma vez eu fui fazer um favor entre amigos para o João que ele me pediu. Desde então, qualquer apuro que ele passa ou qualquer coisa que ele precisa, ele me liga. Não interessa a hora, não entendo como esse garoto consegue ficar acordado até tão tarde. Manda mensagem me pedindo favores e me chamando de adulto de estimação. Acho deselegante."

Na novela nosso dia é animado sempre. Tem muitas vezes que a gente fica esperando bastante tempo. Então, nesse meio-tempo, entre uma cena e outra, eu, Kevin e Renato causamos demais! Mas de uma maneira boa. Eles são os meus melhores amigos lá no SBT. Como o Kevin é meu irmão na novela, a gente espera pra gravar juntos e no tempo livre a gente brinca muito, joga baralho, Uno. O dia a dia é muito divertido sempre. O elenco, o pessoal da maquiagem, cabelo, são todos muito amigos. A gente brinca muito com os camareiros. O Val é o mais engraçado de todos! O Luizinho, que a gente chama de cabrito por causa da barbixa. Tem o senhor Okada. <3 E o Jota, a melhor pessoa do mundo. A gente sempre faz uma travessura: a gente chega, fecha a porta e apaga a luz. E o Jota fica: "bambino!" (porque na novela tem um núcleo italiano). "Bambino, não faça isso! Essa novela é de criança, hahaha." Ou quando alguém fala, sem querer, um palavrão; ele fala: "Essa novela é infantil, meu Deus!". Eles zoam muito com a gente. Quando a gente fica zoando muito, ele fala: "Oh, gente! Vamos combinar, se fosse por mim a gente ficava o dia todo brincando, mas agora tem que concentrar, que isso aqui é sério". Haha <3

Saca só o estilo?

MODA

Eu gosto muito de estar bem nas roupas. Não é a roupa mais cara ou da última moda, mas a que me deixa bonito. Eu gosto de tendências que voltam, de estar atualizado nessas coisas. Na maioria das vezes sou eu que escolho as minhas roupas, a não ser quando eu não posso.

Minha mãe e meu tio PeLu me ajudam. Porém, normalmente sou eu. A única coisa que eu acho que as pessoas interferem – pessoas, eu digo, minha mãe – é quando ela fala que não combina. Minha mãe sempre fala assim: "Ai, filho, isso não tá combinando". Normalmente sou eu que escolho as **MINHAS ROUPAS**, em eventos, em shows, com o auxílio dela. Eu gosto de estar sempre na moda, ver as coisas novas, como o pessoal está se vestindo em outros países...

O editorial que o Jaden Smith fez pra *Vogue* foi fantástico. Ele fez aquilo, ele que pôs o rosto lá, ele que colocou o vestido... Não existe isso de homem ou mulher, eu só posso usar isto ou aquilo. Se eu gosto, se eu acho que fica legal em mim, eu uso o que eu quiser, eu uso saia, uso coisas mais despojadas...

Eu acho que o Jaden Smith fez a parte dele. A última vez que eu o vi foi no filme do Karatê Kid. O moleque arrasou, o filme ficou muito legal. É um tipo de filme que eu gostaria de fazer, com uma história totalmente diferente, que fala sobre preconceito porque o moleque é negro e vive na China, e os chinesinhos fazem *bullying* com ele. No final, ele quebra geral. Só que não deixa de ter uma amizade entre os adolescentes.

Eu não tenho isso de levantar bandeira. Pra mim, o que é certo é certo. Hoje nós somos todos iguais, essas coisas de homem, mulher... Mulher tem que ser mulher, homem tem que ser homem, não tem isso, sabe?

Qual é o seu estilo?
Tira uma foto e cole aqui <3

VIAGENS

Minha primeira VIAGEM para fora do Brasil e meu primeiro contato com a neve foi em Bariloche. Eu não me lembro muito dessa viagem porque eu era bem pequeno. Só me lembro que fazer bola de neve não é tão fácil quanto parece ser nos desenhos animados. Minha bola de neve nunca ficava bonita! Ficava sempre parecendo um cocô! Foi nessa viagem que eu tomei a água mais estranha da minha vida, uma água de montanha, bem densa.

Eu sempre gostei muito de filmes e a maioria das crianças assiste filmes infantis da Disney. Eu sou muito

apaixonado pela Disney e a minha mãe também. No dia 1º de fevereiro fomos pra Disney comemorar meu aniversário de 9 anos lá. O Pluto e a Minnie cantaram *Happy Birthday* pra mim, e eu não tava entendendo p@®®* nenhuma.

Minha primeira viagem pra DISNEY foi encantadora. Eu era pequeninho. Eu amei conhecer tudo. Minha mãe e o Dan eram loucos por compras, e claro eu acabei gostando disso também. Eu fui em todas as montanhas-russas na primeira cadeira junto com ela. Todas, todas. A gente esperava pra ir na primeira cadeira.

O tempo passou e eu fui fazer um tour pela Europa. A gente chegou primeiro em Londres. Foi fantástico! Eu vi o Big Ben, a London Eye. Fiquei doido lá. Eu achei lá muito mágico, como nos filmes. Uma cidade superbo-

nita, com aqueles orelhões com cabines vermelhas.

A gente foi na Hamleys, a maior loja de brinquedos do mundo. São 6 andares de pura loja de brinquedos! Só isso! Tinha meio andar só de *Harry Potter*! E tinha tudo lá, tudo tudo tudo. Tinha até figurino dos personagens coadjuvantes do filme. Eu comprei uma faca que era igual à espada de Gryffindor.

Tinha outra espada lá que eu queria comprar de 100 quilos, era enorme... Mas como que eu ia voltar pro Brasil e explicar pra alfândega que era uma espada do Harry Potter e que não ia matar ninguém? Haha. Não dava pra explicar que eu não ia matar ninguém no avião com uma espada de 100 quilos na mão. Aí a minha mãe disse que a gente podia levar o abridor de cartas. Eu levei e perdi. Mas eu ainda tenho muitas lembranças de lá.

Depois de Londres, nós fomos para Paris, que é uma cidade muito bonita. Só que assim: lá é lindo, porém os franceses não são muito delicados, nem as pessoas mais fofas do MUNDO.

Pois bem, teve um dia que a gente resolveu ir pra Eurodisney: eu, o Danilo, meu padrasto, que fala inglês fluente, e a minha mãe. Hoje eu já saberia me virar. Na época eu não sabia falar direito inglês e a gente ia ter que pegar trem porque era o maior rolê pra chegar na Eurodisney.

E bem no dia da Eurodisney o Danilo tava de mau humor e resolveu ficar dormindo. Eu e a minha mãe não sabíamos nada de inglês nem francês e fomos pra Eurodisney a duas horas de lá.

A gente pensou: *A gente tá ferrado!* E colocamos no GPS onde era a estação de trem. Nós não sabíamos como comprar tickets nem onde comprava, nem como as coisas aconteciam. Ficamos uma hora tentando... Já tínhamos desistido e sentamos numa catedral. Do nada, na frente da catedral, saíram três caras e falaram: "Poxa, a gente não vai conseguir ir pra Eurodisney. Vocês querem os ingressos?". Os caras deram dois tickets pra mim e pra minha mãe!

Quando eu tava lá andando, um cara esbarrou em mim porque ele tava mexendo no celular e eu tava andando rápido. Daí eu mostrei o dedo do meio pra ele, achando que só porque ele não era do Brasil ele não entenderia o sinal. Eu pensei: *Isso é xingamento só no Brasil*. Mas ele entendeu, então eu e minha mãe entramos num brinquedo pra dar uma disfarçada.

Nós passamos o Ano-Novo na França, num restaurante em cima da Torre Eiffel. Só que lá é proibido soltar fogos de artifício. A gente achou que ia ter fogos, que ia ser lindo. E na hora da virada foi assim: quem tava embaixo tava olhando pra cima e quem tava em cima tava olhando pra baixo.

Depois nós fomos pra 3 lugares na Itália: Roma, Veneza e Milão. A gente foi de trem de uma cidade para outra. Eu gostei muito de Roma, mas talvez tenha sido a cidade que eu menos aproveitei porque era novo e são coisas mais históricas. Hoje, se eu fosse, ficaria apaixonado. Durante a passagem pelo Vaticano, fiquei o tempo todo reclamando que aquilo era chato. Quando eu via as pinturas de anjo, eu dizia: "Ai, mãe, na nossa bisa tem uma igualzinha". Os palácios, as estátuas... achava tudo muito cansativo. Cheio daquelas estátuas sem cabeça e sem perna. A gente também foi na Fontana di Trevi.

Um ano depois, o trio parada dura – eu, minha mãe e o Dan – fomos pra Nova York. A gente patinou no gelo e eu morri de vergonha. A gente foi no Empire State, na Estátua da Liberdade, no Museu da Esquisitice que tinha uma girafa de duas cabeças e um cara que põe os lábios nos olhos.

Jericoacoara foi outra viagem animal. Fica no Ceará, num lugar bem escondidinho. Eu já fui duas vezes pra lá. É uma viagem meio comprida porque até o Ceará já é bem longinho, e, depois de lá, ainda tem mais quatro horas de carro até Jericoacoara. Lugar maravilhoso! A água do mar é claríssima e muito gostosa de sentir, só água quente. Tem umas dunas lindas. É muito legal você olhar aquela imensidão de areia que não tem fim. Tem a Duna do Pôr do Sol, a Duna do Funil, que tem o formato de um cone de ponta-cabeça. Tem muitos meninos que ficam lá e pegam uma prancha de madeira e fazem skibunda. Têm uns que descem de pé! É IRADO!

Teve um dia que eu, minha mãe e o Danilo fomos pra lá pra ver um eclipse lunar. Só que a gente era meio perdidão, coisa de turista. E nesse dia nós estávamos lá em cima e demorou pra caramba pro eclipse surgir. A gente ficou esperando, esperando, esperando, e o eclipse não apareceu. Então a gente decidiu ir embora. Só que quando a gente chegou no local que deveria estar a carroça do instrutor que tinha nos levado até lá... cadê a carroça??? O instrutor tinha ido embora. A gente tava num lugar superlonge, sem nada ao redor. Não tinha táxi, Uber, ponto de ônibus, nada!

Imagina! Eu, a minha mãe e o Danilo, no meio do escuro! Num lugar onde não tinha nada! Um breu! Só que nós decidimos andar... Fomos andando, andando, andando, até que a gente se localizou e encontramos o mundo de volta.

Minhas cinco viagens favoritas:

Orlando

Londres

Veneza

Jericoacoara

Paris

MUNDO PET

Eu tenho duas cadelas: Luna e Hannah. A Luna é uma buldogue francês e a Hannah é uma pug. Eu tinha 7 anos quando eu comprei a Hannah, que idolatra a minha mãe. Se a minha mãe estiver no banheiro, a Hannah tá sentada na porta. Ela segue a minha mãe em todo lugar. Ela é muito linda, quietinha e apaixonada pela minha mãe.

Tem dois anos que a gente tá com a Luna. Eu ganhei essa cachorrinha e dei o nome de Luna por causa de *Harry Potter*. Ela é muito fofinha e querida, mas ela é destruidora, já comeu meus bonés, os sapatos da minha mãe. Ela é uma monstrinha e precisa gastar energia. A Luna gosta mais de mim do que da minha mãe. A Hannah idolatra a minha mãe e a Luna me idolatra. E o Danilo ficava sozinho até ele comprar um passarinho e o passarinho agora só vai com o Danilo. Meu desejo é que ele voasse. *Vai embora, passarinho.*

Eu tive uma cadela, a Sol, quando eu tava em Piracaia, que era uma labradora que destruía as plantas de todo mundo, ela precisava gastar energia. Depois de um tempo a gente começou a não morar em Piracaia, só a visitar, então não dava pra trazer ela pra morar em apartamento porque ela era uma labradora grande. Então nós demos a Sol para o segurança do condomínio e hoje ela é muito feliz. Teve milhares de filhotinhos. Eu a amo muito porque eu a vi desde filhotinha crescendo. Ela era minha cachorra.

DE ONDE EU VIM, PRA ONDE EU VOU

Eu não gosto que as pessoas gostem de mim porque eu sou um galã ou muito perfeito. Eu não sou muito perfeito nem muito galã. As pessoas da minha escola sabem disso. Meus melhores amigos sabem que eu sou meio maluco, meio estranho. Eu gosto de foto cagada, meio zoada... porque, se for pras pessoas me amarem só sendo uma carinha bonitinha, isso corre o risco de acabar depressa. Um dia certamente eu não serei "lindo".

De onde eu comecei: não querendo ir ao teste por causa do meu amiguinho – doideira total – até o dia de hoje, confesso que eu não imaginava aonde eu poderia chegar. Eu não imaginava que aquele primeiro teste seria o início do que é o João Guilherme hoje: cantor, youtuber, lançando um livro, fazendo teatro, novela. Nunca pensei que aquilo seria o que me deixaria disposto a novas coisas.

Hoje, graças a Deus, tenho só histórias muito legais da minha profissão para contar. Pretendo terminar a novela e continuar fazendo as coisas de que eu gosto. Já está planejadíssimo seguir com a música. Espero que vocês tenham gostado do livro. O canal do YouTube não vai parar, e eu tenho muita vontade de voltar a fazer filmes. Eu gosto muito de ir às estreias de filmes conferir o trabalho, falar com a imprensa. Com o tempo, vou saber avaliar as coisas novas que surgirão. Tenho certeza que continuarei com o trabalho na TV. E assim a vida vai indo, os anos passarão, anos mais cheios, anos menos cheios. Quero estar com 18, 20, 25, 30 anos ainda atuando e cantando. E, claro, quero vocês sempre por perto. <3 VAMOS COMIGO?

Este livro foi composto em Palatino, REIS, Canvas Script e Dust West e impresso pela RR Donnelley para a Editora Planeta do Brasil em fevereiro de 2017.